CHIC
PROFISSIONAL

GLORIA KALIL

paralela

CHIC PROFISSIONAL

CIRCULANDO E TRABALHANDO NUM MUNDO CONECTADO

Copyright © 2017 by Gloria Kalil

A Editora Paralela é uma divisão da Editora Schwarcz s.a.

Grafia atualizada segundo o Acordo Ortográfico da Língua Portuguesa de 1990, que entrou em vigor no Brasil em 2009.

CAPA E PROJETO GRÁFICO Bloco Gráfico
FOTO DE CAPA Bob Wolfenson
ILUSTRAÇÕES Nik Neves
PREPARAÇÃO M. Estela Heider Cavalheiro
REVISÃO Luciana Baraldi, Renata Lopes Del Nero e Viviane Mendes
PESQUISA DE DADOS E ASSESSORIA Maiá Mendonça

Dados Internacionais de Catalogação na Publicação (CIP)
(Câmara Brasileira do Livro, SP, Brasil)

Kalil, Gloria
    Chic profissional: circulando e trabalhando
num mundo conectado/ Gloria Kalil. —
1ª ed. — São Paulo: Paralela, 2017.

    Bibliografia
    ISBN 978-85-8439-065-6

1. Individualidade 2. Mercado de trabalho
3. Moda 4. Moda — Aspectos sociais 5. Moda — Estilo
6. Vestuário I. Título

17-03476   CDD 646.3

Índice para catálogo sistemático:
1. Moda: Estilo de vestir: Administração da vida pessoal
646.3

[2017]
Todos os direitos desta edição reservados à
EDITORA SCHWARCZ S.A.
Rua Bandeira Paulista, 702, cj. 32
04532-002 — São Paulo — SP
Telefone: (11) 3707-3500
www.editoraparalela.com.br
atendimentoaoleitor@editoraparalela.com.br
facebook.com/editoraparalela
instagram.com/editoraparalela
twitter.com/editoraparalela

SUMÁRIO

6   Cara(o) leitora(or)

9   INTRODUÇÃO – DO SEU MUNDINHO PARA O MUNDO

13   1. MUNDO, MUNDO, VASTO MUNDO...

31   2. VAMOS AO MERCADO... DE TRABALHO

53   3. ENTRANDO NO ARMÁRIO

69   4. GUARDA-ROUPA DE MULHER

83   5. GUARDA-ROUPA DE HOMEM

99   6. AO TRABALHO. APERTE O CINTO E VÁ À LUTA

125   7. PAPO DIGITAL E OUTRAS CONVERSAS
(DISCUTINDO AS RELAÇÕES)

149   8. COSTUMES. ACOSTUME-SE! BRASILEIRICES

173   9. COMER, FESTEJAR (SEM SE LAMBUZAR)

199   10. VISITAR, RECEBER, PRESENTEAR
(DE CÁ PRA LÁ, DE LÁ PRA CÁ)

217   SAIDEIRA

221   Agradecimentos

CARA(O) LEITORA(OR)

Ao longo deste livro você vai encontrar uma porção de parênteses e barras indicando variação de gênero em artigos, pronomes, adjetivos e substantivos. Na língua portuguesa, assim como em outras línguas neolatinas, é muito natural colocar o gênero feminino sob a designação masculina. Como minha língua é minha pátria, vejo-me automaticamente oculta na minha cidadania pela designação masculina. Essa distorção acontece tanto na vida privada, doméstica, como na pública, e isso inclui o mercado de trabalho, ocupado — no mundo todo — por 53% de mulheres que recebem 15% a menos que seus colegas do sexo masculino na mesma função.

Tem graça?

Quando um repórter do *New York Times* perguntou por que a Dongfang Electric (uma das maiores fabricantes de geradores e turbinas de energia do mundo) não tinha mulheres entre os membros da diretoria, o chinês Zhang Linchao, diretor-geral da empresa, respondeu secamente: "Nunca pensamos nisso". E não quis mais tocar no assunto por achá-lo "irrelevante".

E do lado de cá do mundo, nas bandas ocidentais, a coisa também está bem longe de ser resolvida. Em Paris, às 16 horas, 45 minutos e 7 segundos do dia 7 de novembro de 2016, a prefeita da cidade, Anne Hidalgo, e todas as cidadãs parisienses cruzaram os braços para chamar a atenção para o fato de que seus salários anuais só as remuneravam até aquele momento, se comparados com os dos homens na mesma função.

Por isso, caras(os) amigas(os), os parênteses. Para que fique a lembrança dessa situação absurda que ainda vigora no mercado de trabalho em pleno século XXI. Você pode achar a ideia esquisita e irritante, mas garanto que esquisito e irritante é, para as mulheres, serem tratadas desse jeito.

INTRODUÇÃO
DO SEU MUNDINHO PARA O MUNDO

A globalização aproximou povos, países e culturas que até pouco tempo mal sabiam da existência uns dos outros. E, se sabiam, não se interessavam em conhecê-los melhor, tão remota seria a possibilidade de virem a se encontrar — quase como conhecer alguém de outro planeta. Hoje, o mundo com seus habitantes e seus costumes, suas crenças, suas organizações — suas graças e seus problemas — entra por nossos olhos, mentes, casas e empresas, através do celular, da internet, da televisão. Ninguém escapa do Outro.

E como lidar com ele? O primeiro passo seria baixar as armas e colocar levemente em suspenso tudo o que se aprendeu sobre certo e errado, feio ou bonito, conveniente ou inconveniente, educado ou grosseiro e tentar se abrir para novos hábitos, novos códigos, outros jeitos de se comunicar, de agradar, de se exprimir.

Difícil? Dificílimo. Mas possível e necessário. Tanto no dia a dia privado como na área dos negócios, já que é pela via das empresas que esse contato está acontecendo de forma crescente e mais sistemática.

Somos seres do século XXI e temos mais intimidade com a ideia de circular pelo mundo do que qualquer outro habitante da Terra jamais teve. Desde muito cedo sabemos que é possível participar de uma conversa global via internet ou fisicamente, pelas facilidades que temos hoje de nos locomover. Empresas se fundem, se comunicam, trocam experiências, fazem negócios e precisam de pessoas preparadas para essa realidade.

Mas, como esse é um cenário relativamente recente, estamos inseguros sobre como nos comportar, uma vez que ainda não há uma etiqueta que contemple o mundo globalizado e conectado. A verdade é que o código dessa outra convivência está sendo escrito agora — por nós — passo a passo, clique a clique, gafe a gafe, acerto a erro.

Para entender e facilitar a comunicação nessa nova arena, fui atrás de histórias e casos — muitas vezes engraçados, outras vezes embaraçosos — de pessoas que já viveram momentos difíceis por ainda não estarem totalmente preparadas para a flexibilidade que a situação exige. Vamos aprender com a experiência delas e tentar estabelecer padrões para um novo comportamento que facilite a vida e os negócios no mundo, já que ninguém, nem povo algum, domina ainda essa desconhecida etiqueta.

ENTÃO VALE TUDO?

Não existem mais balizas? Se hoje o mundo se aproximou e nos colocou diante de tamanha variedade de culturas e comportamentos, que parâmetros temos para um funcionamento possível entre os povos? Sem eles, não há civilidade que resista!

Para ter um ponto de partida, vamos tomar como base os padrões do mundo ocidental, sua maneira de organizar diplomacia, economia e política e seus códigos de comportamento (ao comer, vestir, conviver, festejar, trabalhar...), aceitando o fato de que, desde o século XVIII, o inglês tenha se tornado o principal idioma dos negócios. São esses os modelos que grande parte do mundo reconhece. Portanto, vamos tomá-los como referência, sem nos esquecer, porém, de deixar uma janela aberta para novidades que o convívio com o mundo globalizado e com a tecnologia certamente vai nos trazer. Assim a gente nunca vai fazer feio.

Com interesse, disponibilidade e tolerância, vamos estabelecer novas e seguras bases de convivência e entendimento. O mundo está precisando.

1

MUNDO, MUNDO, VASTO MUNDO...

CAIA NO MUNDO. SEM TROPEÇOS

Nem todo mundo quer mergulhar no mercado de trabalho assim que termina a graduação. Se você tem vontade de passar algum tempo em outro país, para conhecer uma cultura diferente, aprender melhor uma língua estrangeira, ter uma nova experiência de vida, esse é o momento ideal. No entanto, seja trabalhando, estudando ou tirando um período sabático, a experiência, embora riquíssima, está longe de ser fácil. Morar fora é um embate diário com pequenos acontecimentos inesperados — às vezes deliciosos, às vezes cômicos, mas que também podem ser estressantes.

Nem sempre você vai se fazer entender, mesmo que ache que domina bem o idioma local. Nem sempre vai saber a quem se dirigir no meio da noite se sua internet parar de funcionar. Dificilmente vai entender o recado da secretária eletrônica que fala a mil por hora na primeira (na terceira ou quarta) vez que ligar para conseguir uma informação...

Como relata a jornalista brasileira Marjorie Rodrigues, mestre em estudos de gênero pela Universidade Centro-Europeia (Hungria) e pela Universidade de Utrecht (Holanda), onde mora: "Na Europa, não tem empregada para lavar sua privada nem para cozinhar ou passar sua roupa. Não tem quem empacote sua compra no supermercado e depois leve até seu porta-malas. Não tem manicure para fazer suas unhas toda semana. Não tem quem monte seus móveis quando você se muda. Não tem porteiro, não tem elevador de serviço. E por aí vai!".

Morar fora é um corpo a corpo diário com sua competência, seu bom humor, sua vontade de se testar e sua capacidade de adaptação. Para quem nunca pregou um botão, essa é uma oportunidade de ouro para amadurecer, ampliar os horizontes e se virar em qualquer lugar do mundo...

Já para a historiadora Andrea di Pace, que foi morar na Rússia: "Nada poderia ter sido mais estimulante! Arejou a casa e abriu janelas que eu nem sabia que estavam ali para ser abertas. Aprendi novas línguas, ganhei amigos, aprendi a comer borche, a fazer conservas, a usar vodca barata como limpa-vidros e para tirar água do ouvido. Entendi o que é inverno e pude caminhar na neve sem cair e vibrar com a chegada da primavera e das primeiras tulipas!".

Em seu estágio no Japão, o paulista Matheus Ichimaru Bedendo, estudante de filosofia, cansou de comprar sabonete no lugar de *mochi*, bolinhos de arroz quadradinhos, porque as embalagens são muito parecidas. Embaraçoso? Pelo amor dos céus! Claro que não! Pode acontecer com qualquer uma/ um, de qualquer nacionalidade. Conhecer hábitos diferentes e se acostumar com outros temperamentos e costumes leva tempo. Cometeu uma gafe? Aprenda com ela e toque em frente; isso não é motivo de humilhação. Não foi bem atendida(o) por ser estrangeira(o)? Levante a cabeça e não se deixe tratar mal. Pare já com esse complexo de vira-lata de que falava o escritor Nelson Rodrigues e que faz com que nós, brasileiras(os), nos consideremos piore*zinhas*(os) do que o resto da humanidade civilizada. Nada disso; somos apenas diferentes. Como qualquer país do mundo, temos nossas características, nossos hábitos. Somos como somos, mas em nada vira-latas nem inferiores a ninguém, ora essa!

PRIMEIROS VOOS

Matheus Ichimaru Bedendo passou dois períodos fora do Brasil: um no Japão, outro na França. Cada um deles, uma experiência diferente.

Aos vinte anos, nas férias, foi ao Japão pela primeira vez por conta do *arubaito* — um programa do governo japonês que possibilita a estudantes de origem nipônica em até três gerações conhecer e participar da vida no berço de seus antepassados. "O que achei muito legal por lá é que deparei com um povo supereducado. São respeitosos com os mais velhos, cuidam deles, acatam suas observações. E inclusive pagam mais para eles nas empresas, pois valorizam seu saber e sua experiência, mesmo que isso custe caro ao país, porque acaba pesando bastante na previdência. Os japoneses são organizados, disciplinados, e tudo é muito limpo, embora tenham certos hábitos culturais pouco civilizados aos nossos olhos, como comer fazendo barulho, sentar em qualquer lugar de cócoras, usar fossas em vez de vasos sanitários em banheiros públicos. É comum também ver nas ruas crianças levando um croque [cascudo] na cabeça quando fazem algo errado. Eu mesmo fui atacado com rolos de jornal, aos gritos de '*Dame! Dame!*'

17

[proibido], pela vendedora de uma loja de eletrônicos quando fui tirar fotos de um gadget!"

Já a experiência europeia foi bem diferente. "Lá, as dificuldades eram outras. Fui para Paris e tive que lidar com um povo bem menos afável. A funcionária da secretaria da Sorbonne nem responde se você fizer uma pergunta na hora em que ela estiver se preparando para sair; ela só aponta para a placa com os horários de almoço. Os franceses podem ser grosseiros e impacientes com quem não domina a língua e não conhece seus hábitos, embora tenham certa simpatia por brasileiros. No entanto, dizem que a França é o país da etiqueta. Na verdade, como dizia o filósofo Rousseau, o francês é a língua do cochicho, da intriga, dos salões!"

Outro Matheus, dessa vez Matheus Patsch Pineda, que se formou em administração e marketing na University of North Georgia, em Atlanta, conta que fez o curso por meio de uma bolsa de estudos obtida graças ao seu talento no tênis.

Matheus foi descoberto aos catorze anos pelo olheiro de uma empresa de intercâmbio de atletas com faculdades norte-americanas. Com dezoito anos desembarcou em Atlanta, cheio de expectativas e apreensões: "O mercado de trabalho é muito competitivo; achei que estudar nos Estados Unidos seria um diferencial para mim. Eu era o típico filhinho de mamãe. No começo foi tudo estranho. Os gostos, a divisão de tarefas no dormitório e tudo mais". Matheus lembra que a primeira lambada veio numa noite, na saída de uma festa, pouco tempo depois de chegar. "Em Atlanta, a idade permitida para beber é 21 anos. Na hora de ir embora, eu, um colega espanhol e outro inglês fomos advertidos de que deveríamos ir de táxi ou esperar uma carona por termos bebido cerveja e porque, pelas leis da cidade, éramos considerados menores de idade. Como íamos voltar a pé, achamos que estava tranquilo, que não ia acontecer nada. Mal saímos, fomos parados pela polícia, levados para a delegacia e condenados a fazer trabalho comunitário por seis meses. Não há jeitinho que resolva."

As universidades americanas valorizam muito suas/seus atletas e ajudam pra valer essas(es) jovens, que passam a ser alguém que representa não só a escola, mas os Estados Unidos. "A faculdade abre muitas portas, e o esporte é um networking gigantesco. Minha experiência foi incrível; a gente começa a enxergar o mundo de maneira diferente. Esse aprendizado vale tanto para meu futuro pessoal como para uma futura carreira." Por conta dessa oportunidade, Matheus voltou para o Brasil empregado em uma grande agência de comunicação, a mesma em que tinha estagiado ainda nos Estados Unidos.

Mas nem tudo foram flores. Aos poucos, Matheus Pineda foi percebendo que as(os) americanas(os) são muito fechadas(os), não fazem amizade facilmente, principalmente com colegas do Terceiro Mundo. Nas universidades é muito forte a cultura de grupos de afinidades, nos quais se juntam pessoas iguais, com interesses iguais. Se você não faz parte de uma fraternidade, acaba sendo mais fácil se relacionar com outras(os) estrangeiras(os).

Paulo Ionescu, jovem executivo brasileiro que fez MBA na The Wharton School da Universidade da Pensilvânia, na Filadélfia, lembra: "Os americanos são bagunceiros, comem com a mão, arrotam e acham que basta um 'excuse me' para ficar como se nada tivesse acontecido. Eles são informais no trato, o que não quer dizer que sejam de fácil aproximação ou abertos a rápidas integrações". Imediatamente depois de serem apresentadas(os) a alguém, pedem para ser chamadas(os) por seus apelidos — Bill, Tom ou Maggie, por exemplo —, mas isso não quer dizer que estão disponíveis para intimidades. É apenas um costume. São como pêssegos: macios por fora, fáceis de abordar, mas protegidos por um caroço duro logo na primeira mordida. Estrangeiras(os) demoram a entender esse código.

EM PAÍS ESTRANGEIRO...

DICAS

1 **Fuja do gueto** Chegando a um país estrangeiro, é muito natural procurar patrícias(os). E dá certo, pois elas/ eles, carentes que estão do país de origem, compensam a saudade ajudando as(os) que chegam com dicas de lugares para morar e fazer compras, além de roteiros e informações de toda ordem... No entanto, não se limite a viver fechada(o) entre elas/ eles e tente ampliar os horizontes, estabelecendo relações com nativos. É fundamental para poder se abrir para a diversidade

do mundo, se desprovincianizar, além de aprimorar o idioma local.

2 Arranje uma/ um namorada(o) Namorar alguém local é (além do mais) o melhor modo de aprender a língua e conhecer a cidade pelos olhos e mãos de uma/ um insider. Tome um único cuidado: seu novo amor pode querer voltar com você para seu país de origem, e aí... as diferenças de costumes e o sotaque deixarão de ser charmosos, podendo até se tornar irritantes. Nem sempre esse tipo de romance dá certo.

3 Não caia de paraquedas "Quem quer passar um tempo fora tem que se preparar: conhecer a história e os hábitos do lugar para onde vai", recomenda Chris Bicalho (CEO do Student Travel Bureau, que encaminha 70 mil jovens por ano para estudar no exterior). Segundo ela, a Europa é mais formal, mais tradicional — algumas escolas ainda pedem uniforme! Já os Estados Unidos são mais relaxados. "Na Europa, você não vê alguém indo para a universidade de bermuda e chinelo. Nos campi americanos é comum o aluno se levantar da cama e, com a mesma roupa que dormiu, sair para assistir às aulas e passar o dia inteiro assim", comenta Chris.

4 Imersão cultural Se você tem a sorte de estar num país durante um momento de especial movimentação cultural, aproveite. Por exemplo: se você estiver na Inglaterra por ocasião do aniversário de um escritor como Shakespeare, livrarias, cinemas e teatros estarão com atividades relacionadas a essa comemoração. Você fica envolvido num ambiente de aprendizado do qual vale participar até o fim. É uma oferta civilizatória, rara e imperdível. Mergulhe.

5 Inglês nos trinques Qualquer que seja seu destino, não saia de casa sem antes ter dado um trato sério no inglês. Sério mesmo. É a língua que, pelo menos por enquanto, se fala no mundo todo; a língua dos negócios, da tecnologia e do quebra-galho do dia a dia. Treine leitura, escrita, conversação (sem esquecer conversação por telefone).

IDIOMA ESTRANGEIRO E OUTRAS ESTRANGEIRICES

Por mais que tenha estudado, é claro que você vai enfrentar dificuldades com um idioma estrangeiro. Qualquer recém-chegada(o) sabe disso. Não se sinta inferiorizada(o); vença a timidez — suas limitações serão perfeitamente compreendidas pelas(os) professoras/ professores anfitriãs/ anfitriões. Elas/ eles lidam com centenas de estrangeiras(os) todos os anos.

Uma vez fui com um amigo arquiteto francês assistir a uma palestra que ele faria na famosa universidade americana de Princeton. Eu havia lido o texto da fala na véspera e estava bem informada sobre seu conteúdo. Lá chegando, a primeira encrenca: meu amigo, fumante inveterado, acendia um cigarro atrás do outro nas dependências da escola, onde grandes cartazes exibiam o sinal de proibido fumar. Uma assessora da reitoria corria atrás dele com um pires na mão, tentando evitar ao menos as cinzas pelo chão. A segunda encrenca veio quando ele começou a falar inglês com um sotaque nativo tão carregado que eu acreditei que ele ainda estivesse falando francês! Fiquei aflita, achando que ninguém estava entendendo nada. Na saída perguntei ao reitor, que também havia assistido à palestra, se ele achava que a fala tinha sido compreendida. Ele sorriu e respondeu: "Aqui estamos habituados a alunos e professores do mundo todo. Aprendemos a entender todas as línguas".

Não é apenas o sotaque que pode causar saia justa. Existem palavras que, em outra língua, ou mesmo em português de Portugal, têm outro significado, muitas vezes grosseiro.

Como o caso da brasileira que, logo que começou a trabalhar para uma empresa australiana, se viu em uma situação surreal ao pedir emprestado o "durex" do seu colega. A palavra "durex" no Brasil designa fita adesiva; na Austrália, significa camisinha. Depois de o australiano insistir que não tinha nenhum "durex" para emprestar, ela foi incisiva e disse que o tinha visto usar o "durex" naquele mesmo dia. A confusão, claro, foi esclarecida, mas até lá...

Leila Sterenberg, jornalista e poliglota, lembra que, alguns anos atrás, quando ainda não era nem uma coisa nem outra, foi trabalhar como estagiária na TV Bloomberg, em Nova York, e foi solicitada a preencher uma ficha com suas atribuições na empresa. Como ainda não dominava o inglês, colocou "produtora" na linha em que pediam sua função. Minutos depois levou uma bronca descomunal de sua chefe, que entrou na sala gritando: "Quem você pensa que é? Você nunca foi uma *producer*. *Producer* aqui sou eu!". De fato, *producer* em inglês é um cargo executivo de alta importância e não equivale a "produtora", como imaginava a assustadíssima Leila!

TRATAMENTOS. NÃO ME VENHA COM INTIMIDADES

Uma das coisas que complicam a vida de uma/ um estrangeira(o) é o uso dos pronomes e a questão do tratamento.

Aqui no Brasil usamos "você" e "tu" para pessoas mais jovens, mais próximas, e também para aquelas que acabamos de conhecer mas que têm mais ou menos a mesma idade ou o mesmo nível profissional que nós. Com as mais velhas e menos íntimas, usamos o tratamento "senhor" ou "senhora". Mas fique atenta(o): se você chamou de "senhora" uma pessoa que pede para ser chamada de "você", mude imediatamente de chave. Ela está se colocando num patamar mais acessível à sua conversa e querendo um contato menos formal.

O inglês simplificou a vida de suas/ seus usuárias(os), fazendo com que o pronome pessoal *"you"* valesse para todo mundo: das crianças aos mais velhos habitantes do planeta — independentemente, inclusive, do gênero. Usa-se *"you"* para se dirigir ao presidente da república, à madre superiora do convento, à filha de três anos da amiga, ao entregador de pizza...

Na questão do tratamento, entretanto, há diferenças que devem ser observadas com muita atenção.

Os homens devem ser chamados de "Mr." (pronuncia-se "míster") seguido do sobrenome. O tratamento para um homem de quem não se conhece o sobrenome é "Sir".

As mulheres casadas serão chamadas de "Mrs." (pronuncia-se "míssis") seguido do sobrenome, ou "Madam" ("Ma'am" na forma abreviada) quando não se conhece o sobrenome.

"Miss" é o tratamento reservado às muito jovens e às adolescentes.

As mulheres adultas que não conhecemos e que não sabemos se são casadas ou solteiras devem receber o tratamento de "Ms." (pronuncia-se "miz"), independentemente da idade. Quando for escrever para alguém que assina S. Miller e não souber se é homem ou mulher, use os dois: "Dear Mr./ Ms. Miller".

Eveliny Bastos-Klein (dona da EBK, empresa de relações públicas com sede em Miami e em São Paulo) conta que, quando chegou aos Estados Unidos para fazer mestrado, teve uma reunião com uma das orientadoras. Mais tarde, escreveu um cartão agradecendo a atenção usando o "Mrs." no envelope. "Na conversa seguinte, ela me advertiu que o pronome de tratamento 'Mrs.' era usado apenas para mulheres casadas e que era sexista supor que uma mulher de certa idade fosse casada. O correto era 'Ms.'"

Na Europa, entre adultas(os), ou seja, a partir de uns quinze anos, o tratamento é mais formal, e só depois de muito convívio os pronomes pessoais mais íntimos são permitidos. Mesmo que você seja apresentada(o) a alguém da sua idade ou mesmo mais jovem, trate a criatura sempre na quinta pessoa da escala pronominal ("vós") até que ela peça para ser tratada de modo mais informal e libere o "tu" ou o "você"...

Morando na França, a historiadora Laura de Mello e Souza — que é *professeur des universités*, o equivalente a professora/ professor titular de história do Brasil na Universidade Paris-Sorbonne — conta que o ritual de tratamento não pode ser quebrado. "Ninguém começa uma relação chamando o outro de 'você', ou seja, usando o 'tu' francês. Eu chamo meus alunos novinhos de 'senhor', e todo mundo faz isso. Os rituais de cortesia e de tratamento são importantíssimos. Ser apresentado a alguém e logo ir chamando de 'você' é uma gafe imperdoável."

A suíça Raffaella Perucchi, stylist e designer, passou pelo mesmo perrengue em Lugano, na Suíça italiana, depois de viver 32 anos no Brasil. "Quando vim para cá, chamava todo mundo de 'você', como no Brasil. Equívoco total! Nunca chame ninguém, a não ser que se trate de uma criança, de você (*'tu'*, em italiano). Seja ele o dono de um banco ou um faxineiro, o certo é usar o formal *'Lei'*. O acordo para usar a forma mais íntima deve ser combinado por ambas as partes."

No Japão, o protocolo manda que se dirija a uma japonesa ou um japonês com o sobrenome acompanhado da palavra "*san*", que significa senhora ou senhor.

SIMPATIA NÃO BASTA

Entonação de voz, gestos e expressão corporal não são linguagens universais; variam conforme o país e passam mensagens bem diferentes. Não basta adoçar a voz e sorrir para perguntar a uma/ um francesa/ francês, a uma/ um inglesa/ inglês ou mesmo a uma/ um americana(o) "Onde fica a rua tal?". Tanto em inglês como em francês, você só terá sua pergunta respondida se ela for formulada de modo muito mais formal: "Desculpe. A(O) senhora/ senhor poderia me dizer onde fica a rua tal?". Já cansei de ver brasileiras(os) sendo ignoradas(os) ou maltratadas(os) por irem direto ao assunto sem as formalidades de praxe, por mais que o tom da voz fosse simpático.

Códigos gestuais também não são os mesmos em todos os cantos do mundo. Os das(os) japonesas/ japoneses podem deixar as(os) ocidentais confusas(os): elas/ eles acham que dizer não para alguém é grosseiro; então, balançam a cabeça como se estivessem concordando, mesmo que estejam querendo dizer não. Passei por esse aperto em uma papelaria em Tóquio procurando um pincel. Prevenida acerca da possível dificuldade da tarefa, levei a foto do modelo que eu queria. Muito sorridente, o vendedor acenava que sim, embora não se movesse para trazer o que eu pedia. Deduzi, depois de bons minutos, que eles não tinham o pincel — até hoje fiquei na dúvida sobre qual de nós dois não entendeu o que o outro estava querendo! Só sei que saí de lá de mãos abanando.

Olivier Gelbsmann, um amigo francês assessor de estilo de Diane von Fürstenberg, conta que, depois de anos morando fora da França, entrou em uma loja de moda masculina em Paris e, todo amável e sorridente, perguntou à vendedora: "Tem suéter de cashmere?". Ela olhou duro para ele e, bem antipática, respondeu: "Bom dia, senhor", colocando a conversa na esperada fórmula de tratamento formal. Nem conterrâneos são perdoados se esquecerem o ritual.

Por fim, hábitos culturais, modos de ser diferentes dos nossos, também podem atrapalhar o entendimento e a comunicação.

Taroub Nahuz, professora de inglês de origem iraquiana fluente em árabe, foi chamada pelo seu consulado para ajudar a receber um grupo de refugiados iraquianos em sua chegada ao Brasil. Num determinado momento, ela percebeu um tumulto e se aproximou para ver do que se tratava. Encontrou um grupo de rapazes simples, operários, que, de olhar baixo, ouvia sem compreender uma assessora do governo que, num tom de voz cada vez mais elevado, tentava passar algumas instruções. Desesperada, a funcionária fazia gestos e ordenava que eles olhassem para ela a fim de entender o que ela pedia. Quanto mais alto ela falava, mais os rapazes desviavam o olhar. Foi um custo fazê-la ver que não se tratava de falta de respeito. Muito pelo contrário: falta de respeito teria sido encará-la, olhá-la nos olhos, coisa que eles culturalmente não fazem jamais.

Para se sair bem, o caminho é simples. Se você estiver em países mais formais, tente ser mais formal. Europeias/europeus, mesmo as(os) de origem latina, são muito mais rígidas(os) em seus hábitos do que as(os) sul-americanas(os), especialmente as(os) brasileiras(os), cuja informalidade muitas vezes incomoda, passa por folga e até por falta de educação. Por isso, adote logo o modo formal de se dirigir às pessoas na hora de pedir uma informação, ao fazer perguntas a desconhecidas(os) nas ruas ou pedir para ver algum produto em uma loja.

Entender desde cedo que o mundo é muito maior que as paredes do nosso quarto, que nossa família e até mesmo que nosso país leva à abertura, à adaptabilidade e à tolerância, qualidades indispensáveis para se dar bem no século xxi.

Por isso, se você estiver prestes a enfrentar a aventura de se jogar no mundo, ponha na cabeça como preceito número 1 que são muitos os modos de viver, trabalhar e se relacionar.

Todos válidos. O seu é apenas um deles.

2

VAMOS AO MERCADO... DE TRABALHO

AOS TRAMPOS... E BARRANCOS

Se houve uma coisa que mudou completamente na virada do século XX para o XXI, no mundo todo, foi o mercado de trabalho. Ele deixou de ser um espaço acolhedor, conhecido, para ser um campo cheio de novas demandas e exigências para principiantes ou mesmo para pessoas preparadas e com bom nível de estudos.

No século XX
Assim que saiu do navio que o trouxe da França ao Rio de Janeiro, em 1951, o executivo e produtor musical André Midani jogou sua mala na cama de uma pensão da praça Mauá, saiu para dar uma volta, parou diante da baía de Guanabara e resolveu que queria ficar no país para sempre. Próximo passo? Arranjar um emprego, pensou ele, que na época não falava uma palavra de português. Munido de uma lista telefônica, atacou a primeira companhia de discos que achou. Caiu na secretária da diretoria, que, ao ouvir uma pessoa falando francês, concluiu tratar-se de algum estrangeiro importante e o passou diretamente ao dono da empresa. Dez minutos depois, tinha conseguido uma entrevista para o dia seguinte. Saiu de lá com um emprego e um salário. Está, é claro, no Brasil até hoje!

Fácil, não? Infelizmente esse roteiro dos anos 1950 não teria a menor chance de acontecer hoje em dia. Atualmente, trabalho ou emprego são conseguidos depois de muita batalha — vê lá que você consegue uma entrevista com a(o) dona(o) de uma empresa assim, sem mais nem menos. Hoje você precisa de currículo, escolaridade, experiência, cartão de visita, boa presença, bom papo... e assim mesmo vai disputar a vaga com muitas(os) outras(os) candidatas(os) afiadas(os).

No século XXI
Julio Renouleau Serrano, aos vinte anos, está no terceiro ano de administração com foco em comércio exterior e tem como objetivo estagiar numa empresa de sua futura área de atuação. Para isso, colocou seu currículo no site que a própria faculdade organiza para ajudar suas/seus estudantes nesse primeiro passo em direção à vida profissional. Dias depois foi chamado por uma tradicional empresa de importação e exportação. Sabe quantas entrevistas ele fez para ver se conseguia a vaga? Quatro. E tão rigorosas que parece que está sendo avaliado para ser diretor da empresa!

Primeiro Julio passou pelo crivo de uma agência de recursos humanos terceirizada que avalia se a(o) candidata(o) tem o perfil adequado ao emprego. Depois, fez uma entrevista na própria empresa, quando foi interrogado sobre as razões de querer trabalhar naquela organização e sua real afinidade com o cargo. Ao papo se seguiu uma dinâmica com nove outras(os) candidatas(os) à vaga, para avaliar como se comportavam em grupo. Uma semana depois, outra conversa mais pessoal, dessa vez com o RH: perguntas sobre a situação financeira da(o) candidata(o), seu local de moradia, a distância do percurso de casa até o trabalho, o número de conduções necessárias para chegar... Por fim, uma entrevista com a pessoa do setor em que ele pretendia estagiar e uma simulação de cena de trabalho para avaliar o desembaraço, a capacidade de adaptação e o vocabulário, além de testar a habilidade com os programas de computador usados pela empresa.

O percurso pareceu um ritual de passagem, daqueles bem duros infligidos pelas tribos primitivas às/ aos adolescentes na virada para o mundo adulto!

Mas será que as empresas mais recentes, como as de tecnologia, também são tão rigorosas e perdem tanto tempo para contratar uma/ um estagiária(o)?

Esteban Walther, diretor de marketing do Google na América Latina, garante que sim: "Nosso processo de recrutamento, seja para estagiários, executivos ou engenheiros, é também muitíssimo minucioso e cheio de etapas, conduzidas por um comitê de entrevistadores que tem de entrar em consenso para aprovar um candidato. Queremos ter conosco somente pessoas muito comprometidas com suas tarefas e com os objetivos da empresa. Velho ou moço, homem ou mulher, a aparência, a preferência sexual, a origem racial não nos interessam em nada; queremos as pessoas como elas são. O que valorizamos de fato é o talento e o potencial de adaptabilidade".

Como se vê, foi-se o tempo em que a pessoa estudava e automaticamente conseguia uma colocação. Tenho visto jovens adultas(os), formadas(os), com bons cursos de especialização em renomadas escolas estrangeiras, morando com os pais por não terem como sustentar uma casa por conta própria.

Não à toa, tem se popularizado a tendência de convívio e trabalho colaborativos — co-living e co-working — como forma de ter uma interessante troca de experiências e também de contornar o problema de moradia, de trabalho e de aluguel de escritório.

> **Cooperando**
>
> **Co-living:** sistema de moradia de tendência sustentável, surgido na Dinamarca na década de 1960, também conhecido como co-housing, comum na Europa e nos Estados Unidos. É um modo de viver e de ter um intercâmbio de experiências com pessoas de diferentes idades e gêneros, partindo de alguns pré-requisitos similares. As despesas são divididas entre as(os) moradoras/ moradores, e as áreas comuns, frequentadas por todas(os).
>
> **Co-working:** espaços comuns alugados por dia ou por mês por profissionais liberais, freelancers e start-ups, que encontram nesses escritórios um modo mais econômico de trabalhar, sem o isolamento do home office ou o burburinho dos locais públicos, e têm, além disso, a possibilidade de uma proveitosa troca de informações.

CURRÍCULO. MENOS PODE SER MAIS

Estamos na pré-história de um mundo completamente novo que a tecnologia está desenhando (em alguns lugares, em pleno funcionamento) e já temos de enfrentar todas as incríveis novidades e os desafios que acompanham as transformações que ela impõe. No campo do trabalho, a briga começa cedo. O primeiro passo para o ritual de passagem é um currículo muitíssimo bem-feito.

Mas como construir um currículo de sucesso?

Os conselhos a seguir são de Pamela Chusyd (psicóloga com certificado em gestão de recursos humanos pelo Centennial College, em Toronto, no Canadá, e em gestão de projetos pela Aden Business School, no Panamá), atualmente gerente de recrutamento de talentos da Ericsson na América Latina. "Escrever um currículo não é um processo simples e rápido; não pense que você escreverá o seu em dez minutos. A ideia é construir uma apresentação que demonstre o melhor da sua identidade profissional e da pessoal. O início do currículo deve ser atraente; é sua chance de fazer com que se leia seu documento até o final. Lembre-se de que seu objetivo é que o recrutador pense: 'É dessa pessoa que eu preciso.'"

Tome nota:

1 O currículo deve ser simples, limpo e conciso. E deve estar sempre atualizado.

2 Só passe de duas páginas se tiver anos de experiência.

3 Esqueça os enfeites engraçadinhos ou as apresentações moderninhas.

4 Não é necessário colocar cursos paralelos (aulas de dança, judô, curso de meditação etc.) que nada tenham a ver com o cargo que você está pleiteando.

5 Tipo e tamanho de fonte: o tradicional é Arial, tamanho 12.

6 Foto: coloque apenas se necessário (não de óculos escuros nem em traje de banho ou beijando seu pet).

7 Dados pessoais: nome completo (pseudônimo, caso tenha), data de nascimento, endereço, telefone fixo, telefone móvel e e-mail (se o seu for do tipo brincadeira@provedor.com.br, crie um e-mail com seu nome).

8 Objetivo: indique somente uma área de interesse.

9 Qualificações: destaque apenas as quatro principais.

10 Formação acadêmica: a ordem correta é a decrescente, da atual para a primeira, respeitando a sequência curso, instituição de ensino, ano de início e de conclusão. Só coloque aquilo que estiver relacionado à sua área de interesse.

11 Experiência profissional: a ordem também é cronologicamente decrescente. Mencione o nome da empresa e sua área de atuação, cargo que exerceu e o período em que permaneceu nele.

12 Atividades realizadas: descreva sua experiência respeitando a sequência contexto, ação, resultado.

13 Idiomas: mencione quais são e seu nível de fluência. Inclua os cursos feitos fora do país, se houver.

14 Formação complementar: acrescente treinamentos e cursos relacionados à sua área de interesse.

No Brasil, acadêmicos e pesquisadores em ciência e tecnologia inscrevem seus currículos na plataforma Lattes (homenagem ao grande físico brasileiro César Lattes), lançada em 1999 pelo Conselho Nacional de Desenvolvimento Científico e Tecnológico (CNPq). É considerado o mais perfeito dos currículos — o "quem é quem" da intelligentsia brasileira.

Atenção aos currículos prontos que você encontra na internet, porque podem não se adequar à empresa ou ao cargo que você está pleiteando. O currículo de uma/ um trainee deve ser objeto do mesmo cuidado que o de uma/ um profissional mais experiente. Aproveite o campo "atividades complementares" para colocar os cursos que fez ou palestras a que assistiu — ajuda a compensar sua falta de experiência. Demonstre interesse e adaptabilidade.

UM CURRÍCULO BEM-FEITO

Maria Souza
Italiana, casada, 24 anos
Rua Martinico Mendonça, 308/104
01243-011 Santa Cecília São Paulo (SP)
Tel.: (11) xxxx-xxxx Cel.: (11) xxxxx-xxxx
maria.souza@provedor.com.br

Qualificações
- Pós-graduação em direito internacional
- Experiência em oratória
- Domínio de informática

Formação acadêmica
- Graduação em direito — Universidade Presbiteriana Mackenzie (SP) — 2006-2011
- Pós-graduação em direito internacional — Pontifícia Universidade Católica (SP) — 2012-2014

Experiência profissional
- Estagiária júnior no escritório de advocacia Albuquerque, Louzada, Martins e Associados, especializado em direito internacional — 2014-atualmente

Idiomas
- Italiano: língua materna
- Inglês: Cultura Inglesa, curso avançado (conversação, leitura, escrita) — 2000-2010
  Aperfeiçoamento: Harvard University, Cambridge (MA), Estados Unidos — 2011-2012
- Espanhol: CNA, curso avançado (conversação, leitura, escrita) — 2008-2011
- Cursos de férias em Londres e Barcelona, pelo Student Travel Bureau (STB)

Formação complementar
- "O Brasil e as relações internacionais", curso de 50 horas (PUC-SP, 2013)
- "Comércio internacional e direito", curso de 20 horas (FGV-RJ, 2008)

Atividades complementares
- Temporada de dois meses na ONG Médicos sem Fronteiras, setor de relações internacionais, em São Paulo (SP) — 2007

UM CURRÍCULO DESASTROSO

≈Maria Souza≈

Brasileira, casada, 24 anos
Rua Martinico Mendonça, 308/104.
01243-011. Santa Cecília. São Paulo. SP
Tel. (11) XXXX-XXXX Cel.(11) XXXXX-XXXX
maria.souza@provedor.com.br

≈Qualificações≈
- artes plásticas, curso livre de maquiagem
- Noções básicas de investimentos e finanças pessoais
- Noções básicas de informática

≈Formação acadêmica≈
- Graduação em Direito – Universidade Presbiteriana Mackenzie-SP
— 2006-2011
- Pós-graduação em Educação Física — 2012-2014

≈Experiências profissionais≈
- Coach de meditação tântrica
- Estágio em bufê de festas infantis
- Curso de nado sincronizado — de 2009 até 2010

≈Idiomas≈
- Inglês – Cultura Inglesa, curso avançado, 2000/2010
(conversação, leitura, escrita)
- Aperfeiçoamento – Harvard University, Cambridge, Massachusetts,
Estados Unidos – 2011/2012
- Espanhol – CNA Inglês e Espanhol, 2008/ 2011
(conversação, leitura, escrita)
- Cursos de férias em Londres e Barcelona,
pelo STB Student Travel Bureau

≈Formação Complementar≈
- Curso de férias: Gestão de Finanças Pessoais — julho 2014

≈Atividades complementares≈
- Aulas de yoga, cerâmica e estágio de formação de atriz,
Teatro Oficina – SP — junho 2013

À PRIMEIRA VISTA. ESSA IMAGEM FICA!

Jamais vou me esquecer da primeira foto que vi da então modelo Carla Bruni. Por mais que a atual sra. Nicolas Sarkozy, ex-primeira-dama da França, vista lindos e recatados tailleurs das melhores marcas parisienses, a figura dela nua, abraçada a um violão, é parte da imagem que formei de sua personalidade. Em algum canto da mente de Mme. Sarkozy, mora uma pessoa provocadora, que, em algum momento, vai reaparecer em cena. Quer apostar?

Bateu o olho, a fotografia está feita. É assim, rápida e impiedosamente, que formamos nossa primeira impressão sobre a(o) Outra(o).

Essa avaliação pode se modificar depois, ao longo do tempo, com outras camadas de informações que vamos acrescentando e processando, mas a primeira imagem ficou lá, registrada para sempre. E deve ser levada em consideração. Por isso, independentemente de seu talento, seu preparo e sua inteligência, ao buscar um emprego, dê um trato no visual, atualize-se, vista-se direito e tente causar uma boa impressão no dia da sua estreia no mundo profissional.

O primeiro encontro com a pessoa que pode ou não contratá-la(o) para um trabalho ou um emprego vai ser determinante, seja a empresa formal, informal ou megainformal. Cada uma delas tem seus códigos e suas exigências, e é muito bom que você os conheça para não morrer de insegurança nessa passagem. Não pense que o mundo virtual vai livrá-la(o) de um cara a cara com uma/ um entrevistadora/ entrevistador. Em algum momento, esse encontro vai acontecer, e aí é bom estar com tudo em cima e com a lição de casa bem-feita.

A paulista de Ribeirão Preto Cristina Junqueira, sócia fundadora do Nubank, empresa de tecnologia no setor de serviços financeiros que lançou com enorme sucesso um cartão de crédito com custos mais baixos que os do mercado tradicional, me recebeu em seu escritório. É um prédio moderno, colorido, com grafites nas paredes internas, jardins, mesas de pingue-pongue, redário, sala de meditação, manicure, poltronas para games, tudo o que você lê ou imagina que exista nas empresas de tecnologia do Vale do Silício. Pelos corredores, jovens de shorts, bermuda, cabelos cor-de-rosa, alguns com seus vira-latas passeando junto. Fica muito claro que o dress code ali é o "venha como quiser".

Cristina é tão jovem quanto suas/ seus funcionárias(os) e tem um currículo de peso: estudou engenharia na USP e depois fez seu MBA em Chicago, nos Estados Unidos.

O Nubank oferece aos seus clientes uma experiência totalmente digital — não usa papel para nada. Vale-se de todas as ferramentas tecnológicas para a administração da empresa, para o setor de desenvolvimento de produtos (técnicos e criadores) e para o recrutamento de funcionárias(os). Até mesmo na comunicação interna já abandonou algumas ferramentas mais tradicionais. Nem e-mail mais é usado: tudo é feito por meio de aplicativos de grupos, o que torna a empresa mais eficiente e, sobretudo, transparente.

Pergunto o que ela e seus sócios exigem das(os) candidatas(os) a trabalhar no Nubank. "Nossa barra é alta!

Além de capacidade técnica, um alto grau de adequação à função e à nossa cultura. O Brasil não prepara bem os alunos para trabalhar em uma empresa. Normalmente, eles não sabem nem como elas se estruturam. Fiz engenharia numa das melhores universidades do país e saí de lá sem ter ouvido falar em lucro, administração, setor financeiro. Aqui no Nubank temos 25 pessoas de nacionalidades diferentes. Isso colabora muito para a maturidade do ambiente profissional. Por mais 'relax' que a gente seja, isto aqui é uma empresa e tem que dar lucro. Todos têm que estar conscientes disso."

E quanto ao comportamento?

Cristina dispara: "Apesar da diversidade de gênero, de tipos e de figurinos que vemos por aqui, não tolero falta de educação nem gente preconceituosa. Já dei bronca em quem fez piada racista e deixei de contratar uma empresa de limpeza porque pagava mais aos funcionários homens do que às mulheres".

Fernando Reinach, biólogo e sócio da Pitanga, fundo de investimentos que dá oportunidade a start-ups promissoras, tem se divertido (e levado alguns sustos) com o modo como as(os) jovens empresárias(os) ou candidatas(os) a empresárias(os) se apresentam: "Tenho visto o diabo quando acompanho alguns deles em visitas a diretores de grandes empresas ou banqueiros para quem eles vão expor seus projetos. Eles não sabem que quem conduz a reunião é o anfitrião; que é ele quem estabelece o ritmo do encontro, quem tem que ser ouvido primeiro, quem pede o café... Não sabem nem conversar".

O filósofo e doutor em educação Mario Sergio Cortella costuma dizer que boa parte da nova geração chega às empresas mal-educada: "Ela não chega 'mal escolarizada', chega mal-educada mesmo".

Não sei se, entre as(os) jovens, a culpa pela falta de jeito para levar uma conversinha ao vivo e até mesmo por telefone é resultado de só se comunicarem pela internet ou se é falta de traquejo. Como diz Mario Sergio Cortella: "Jovens chegam às empresas sem noção de hierarquia, metas, prazos. Querem tudo aqui e agora. São imediatistas. Gosto de lembrar uma história atribuída ao pianista Arthur Moreira Lima. Ao terminar uma apresentação, um rapaz aproximou-se dele e disse: 'Adorei o concerto. Daria a vida para tocar como você'. E o pianista respondeu: 'Eu dei'".

O fato é que um primeiro encontro malsucedido torna a continuidade da relação profissional bem mais difícil.

Mas não é só a falta de traquejo que pode atrapalhar. Timidez em excesso também é um problema. Nada é mais fácil de detectar do que uma pessoa que está se sentindo pouco à vontade, que fala demais para esconder a falta de jeito ou que fica sem graça e emudece. Pior: ela costuma deixar a(o) outra(o) — no caso, a(o) entrevistadora/entrevistador — tensa(o), pouco à vontade também e louca(o) para vê-la pelas costas.

Pisando em ovos, assustada como se não pertencesse àquele lugar, foi assim que vi entrar em minha sala uma candidata a um cargo em vendas. Em quinze minutos de conversa, ela pediu licença cinco vezes (para entrar, sentar, pegar um cafezinho, entregar seu cartão, sair). Pediu desculpas duas vezes (porque o cartão era velho e por tomar meu tempo) e, na saída, ainda achou mais um motivo para se desculpar, dessa vez "por qualquer coisa". Foi um alívio quando ela saiu da minha frente.

INTERVALINHO

XÔ, TIMIDEZ! Chieko Aoki, uma das mais atuantes empresárias da área de hotelaria no Brasil, tem uma ótima receita para quem quer se libertar da inibição: karaokê! "Eu era extremamente tímida. Quando tinha que falar em público era um sofrimento. Para resolver o problema, fui ter aulas de canto para encarar um karaokê, que é um hábito das empresas no Japão — não participar é uma ofensa. Foi um santo remédio. A partir do momento em que topa cantar mal na frente de todo mundo, você se liberta e entende que, daí para a frente, é capaz de qualquer coisa!"

O oposto da timidez exagerada também é intolerável. Gente arrogante, confiante demais, que fala mais que a boca, conta vantagem, cita famosos, se mostra íntimo de celebridades ou pessoas influentes ou se veste fora do figurino é tão irritante e desinteressante quanto as(os) assustadas(os), e em geral é facilmente descartada para qualquer trabalho sério e com perspectiva de longo prazo.

BOA ENTREVISTA! LEMBRETES

1 Vá preparada(o): visite a página da empresa, vá às redes sociais para conhecer suas/ seus dirigentes e avaliar o perfil das(os) funcionárias(os). É com esse tipo de gente que você quer passar boa parte do seu tempo?

2 Preste atenção ao modo como se vestem suas/ seus possíveis futuras(os) colegas e vista-se mais ou menos como elas/ eles. Não pareça um peixe fora d'água com uma roupa totalmente de outro figurino.

3 Se for do tipo que transpira muito, vá de blusa ou camisa preta, que não acusa uma mancha mais escura (e, consequentemente, seu nervosismo).

4 Chegue um pouco antes da hora para não entrar afobada(o). Mas também não é o caso de chegar muito antes e pedir para ser anunciada(o), deixando quem for entrevistá-la(o) no dilema de atender antes ou manter o combinado. Cedo demais ou atrasado, fora do horário do mesmo modo.

5 Não fale demais, não ria demais, não peça desculpas demais, não agradeça demais.

6 Não seja acanhada(o) nem metida(o). Controle a ansiedade; ouça mais do que fale. Responda com calma, faça perguntas e mostre que conhece a empresa. Não minta.

7 Mesmo que sua/ seu contratante seja jovem e completamente informal, não use muitas gírias, esqueça os palavrões e evite os cacoetes de linguagem que você usa no seu dia a dia.

8 Deixe seu celular no silencioso, mesmo que a(o) entrevistadora/ entrevistador fique consultando o dela/ dele.

9 Se boa parte da entrevista for on-line, não relaxe no português. Leia duas vezes antes de enviar.

No fundo, o que qualquer empregadora/ empregador busca é alguém que se identifique com os valores da empresa; que mostre entusiasmo, capacidade de se adaptar a novas situações e muita vontade de fazer parte do time.

Dê a ela/ ele boas razões para contratá-la(o). Conte como você vê a empresa e como acha que pode contribuir para o desenvolvimento dela. Lembre-se de alguma coisa diferente que tenha feito, mesmo que em outra área, para mostrar sua criatividade. Mostre afinidade com a função e o cargo. Selecione algumas situações de sua vida profissional, avalie o papel que desempenhou, o que aprendeu, quais foram os desafios. Você pode usar algum exemplo para mostrar seu valor. Tenha em mente seus pontos fortes e fracos. Não enfatize os fracos, mas, se perguntado, diga o que está fazendo para superá-los.

Se for seu primeiro trabalho, conte alguma coisa que fez de interessante na escola, em casa ou até mesmo na organização de uma festa. Vale o empenho com que a tarefa foi feita e o resultado. Sempre finalize suas histórias de maneira positiva, nem que tenha dado tudo errado. Mas não tente se passar pelo que não é. Você também já foi pesquisada(o) pela empresa. Ainda segundo Fernando Reinach: "As pessoas não devem esquecer que, para serem recebidas, elas certamente tiveram seu LinkedIn e seu Facebook checados antes. Não adianta chegar bem-vestido se aparece pelado no Facebook!".

E, por favor, não se esqueça de que tudo, mas tudo mesmo, o que você postar ou que já tenha postado na internet volta à tona, sem dó nem piedade.

WEBTESTE

Pode acontecer que uma entrevista de emprego aconteça via videoconferência. Ela evita perda de tempo, deslocamentos — portanto, custos — e permite o contato com pessoas de todos os países. Se a empresa for multinacional, a conversa pode ser em inglês. Informe-se antes para estar com o vocabulário apropriado na ponta da língua.

Na maioria das vezes, as perguntas serão as mesmas das entrevistas feitas pessoalmente. Mas lembre: mesmo à distância é preciso conquistar a confiança da(o) recrutadora/ recrutador.

Anote as providências que você deve tomar para sair bem na foto:

1 Certifique-se do software que a empresa irá usar.

2 Verifique se sua conexão é rápida; senão, vá a um lugar com bom sinal.

3 Teste o programa, o áudio e o vídeo de seu equipamento.

4 Confirme o horário da conexão.

5 Feche os programas que estiverem abertos no computador, desligue o som de outros aparelhos e escolha um local silencioso, sem interferências externas ou interrupções.

6 Atenção com sua aparência; vista-se adequadamente e escolha um cenário neutro como pano de fundo.

7 Não olhe para a tela do computador, e sim para a câmera, embutida ou não, para que o efeito seja o de uma conversa ao vivo.

8 Pratique antes para não fazer caretas; imposte a voz.

9 Ensaie com alguma/ algum amiga(o) capaz de dar um feedback honesto, o que vai ajudar a corrigir defeitos.

Bruna Rezende, dona da 55Canga, faz negócios com o mundo inteiro, tudo on-line, inclusive as contratações e parcerias da empresa. Sua postura em uma conferência pela internet é a mesma que pessoalmente. "Com meus clientes asiáticos, por mais afável e profissional que seja o relacionamento on-line, jamais me apresento de camiseta regata ou com decotes, em respeito aos costumes deles."

Por isso, preparar-se para essa etapa da vida com informação atualizada, esperta e adequada ao momento é para lá de importante. Não seja convencional, não seja tímida(o). Ponha na cabeça que o mundo está cheio de novas necessidades e que quem souber responder a elas, com conhecimentos, serviços, técnicas, empenho e arte, vai se dar muito bem.

3

ENTRANDO NO ARMÁRIO

TERNINHOS E TERNOS. ETERNOS?

Você começou a trabalhar em uma empresa. Muito bem. Saiba então que, assim como você tem sua personalidade, a empresa tem a dela. Qual das duas você vai representar ao se vestir para o batente?

Até pouco tempo, a resposta viria rápida e certeira: quando você trabalha numa empresa, é ela quem dá o tom. Você é sua/ seu representante, uma extensão dela; portanto, deve se vestir de acordo com o seu dress code. Eu mesma afirmei isso categoricamente em meus livros anteriores.

Hoje, porém, as coisas não estão mais assim tão evidentes. As reivindicações femininas, a questão de gênero e a tão decantada individualidade estão entrando nos armários da moda e colocando um de seus princípios — o dress code no trabalho — em questão. Ainda bem!

Em maio de 2016, Nicola Thorp foi impedida de trabalhar como recepcionista temporária na PricewaterhouseCoopers de Londres por ter se recusado a usar salto alto, como exigia o dress code de sua agência empregadora, a Portico. Thorp dirigiu uma petição ao Parlamento inglês intitulada "Proíbam as empresas de exigir das mulheres o uso de salto alto no trabalho". Com a ajuda das mídias sociais, ela conseguiu mais de 100 mil assinaturas, o que levou sua reclamação a ser aceita pelo poder público. A Portico, evidentemente, retirou o item de sua lista.

Já o traje mais formal é tão importante para algumas empresas e alguns tipos de trabalho que a ex-consulesa

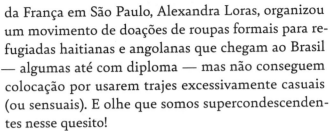

da França em São Paulo, Alexandra Loras, organizou um movimento de doações de roupas formais para refugiadas haitianas e angolanas que chegam ao Brasil — algumas até com diploma — mas não conseguem colocação por usarem trajes excessivamente casuais (ou sensuais). E olhe que somos supercondescendentes nesse quesito!

O jovem cerimonialista do Theatro Municipal de São Paulo, Egberto Cunha, pediu — e obteve — do antigo diretor-geral da fundação do teatro, Paulo Dallari, a permissão para trabalhar de salto alto na noite de abertura da temporada sinfônica do teatro em 2016. Seus escarpins vermelhos com saltos de dez centímetros de altura circularam com desenvoltura pelos corredores e pela recepção do teatro, acompanhados de calça e camisa pretas da maior sobriedade. Roupas pretas, aliás, são o figurino solicitado aos funcionários do teatro. A partir daí, Egberto incorporou o salto ao seu guarda-roupa em todas as noites festivas do tradicional teatro.

A novidade foi aceita com muita tranquilidade pelos colegas e pela equipe de quarenta pessoas comandada pelo cerimonialista.

"E o público?", perguntei.

"Nunca tive, diretamente, nenhum problema, nenhum tipo de reação negativa", comenta ele, aliviado e muito agradecido pelo inesperado rumo favorável que sua demanda obteve.

Em dezembro de 2015, a Comissão de Direitos Humanos de Nova York declarou que ficava proibido no município "a exigência de dress codes, uniformes e modos de se apresentar que impusessem exigências desiguais para homens e mulheres, baseados em sexo ou gênero". Isso significa que as(os) empregadoras/ empregadores não podem exigir que homens usem gravatas, a não ser que as mulheres também tenham que usá-las, ou pedir o uso de salto alto, a menos que o pedido valha para todas(os) as(os) funcionárias(os), homens ou mulheres.

Em Kansas City, no começo de 2016, o senador Mitch Holmes, encarregado de elaborar um guia de ética e comportamento para o comitê de eleições do Senado, foi forçado a pedir desculpas públicas por ter incluído em seu texto uma restrição ao uso de decotes e minissaias pelas mulheres. Para os homens, não havia restrições. Os protestos foram tantos que ele teve que retirar o texto e explicar que "a ideia tinha sido a de que todos os delegados do comitê, independentemente do gênero, deveriam se vestir de forma profissional".

E aí começa a confusão: o que quer dizer "forma profissional"? Cada um vai interpretar essa frase de um jeito. Para Susan Scafidi, professora de direito na Universidade Fordham, em Nova York, e a primeira a criar um curso de direito da moda, "o vestir ficou aberto a versões individuais, e não mais institucionais".

Bagunça à vista! O assunto está em aberto e ainda vai render muita discussão.

Tatuagem de respeito

A jornalista e apresentadora do programa *Mundo s/a* da GloboNews, Maria Prata, notou que algumas em-

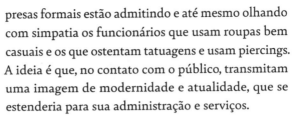

presas formais estão admitindo e até mesmo olhando com simpatia os funcionários que usam roupas bem casuais e os que ostentam tatuagens e usam piercings. A ideia é que, no contato com o público, transmitam uma imagem de modernidade e atualidade, que se estenderia para sua administração e serviços.

E parece que funciona! Deborah de Paula Souza, também jornalista e psicanalista, teve uma (boa) surpresa ao encontrar, em uma unidade do Poupatempo de um bairro central de São Paulo, funcionárias bem maquiadas e com muitas tatuagens nos braços, longe da imagem empoeirada que se tem de uma repartição do gênero.

ENQUANTO ISSO, VÁ NO SEGURO

Enquanto os critérios de dress code estão em discussão, saiba que o modo seguro de se apresentar para negociar uma colocação em qualquer lugar do mundo segue algumas diretrizes que vale a pena conhecer, a menos que você pretenda uma vaga em uma empresa megainformal.

O guarda-roupa de trabalho não é igual ao guarda-roupa de lazer nem é igual ao social; é um guarda-roupa à parte.

Isso mesmo. Ele não deve ser fashion, como podem ser suas produções sociais, nem "relax", como serão as roupas de lazer. Por exemplo: um homem inteiro de preto, terno, camisa e gravata, pode ser um sucesso numa festa, mas ficará totalmente "over" e inadequado numa empresa formal. Do mesmo modo, uma mulher de saia longa pode arrasar num coquetel e ficar deslocada nos corredores de uma empresa.

Nem todo mundo tem um patrão bem-humorado como o criativo editor italiano Fabrizio D'Angelo, que foi contratado para ser CEO do grupo Burda International. No dia em que chegou a Munique, na Alemanha, para sua estreia no grupo, Fabrizio foi convidado para um coquetel. Muito à vontade, lá foi ele de camisa esporte, solta por cima da calça, para deparar com colegas de terno e gravata. Sua entrada foi um choque, salvo pela presença de espírito do anfitrião, que exclamou ao apresentá-lo: "Viram por que o contratei?!". Graças a essa elegante acolhida, a informalidade um pouco excessiva do italiano foi digerida pelos atônitos alemães.

DRESS CODE. DRESS SEM STRESS

O que é um dress code? É o modo como se espera que as(os) convidadas(os) para um evento se vistam. É um código que, com pequenas variações, é reconhecido e aceito no mundo inteiro, tanto em convites profissionais como sociais. Longe de ser uma obrigação chata, careta e antiquada, o dress code é de grande ajuda, já que informa o tom do evento, evitando a sem graciíssima gafe de chegar com o look errado.

Traje esporte *sport* (em francês), *casual* (em inglês) — para churrascos, almoços, drinques em volta da piscina, vernissages durante o dia, barezinhos. É a roupa mais informal de todas. Para os homens, é a hora de jeans, camisetas, camisas xadrez, calças de sarja. Bermuda? Só se o convite for para almoço com piscina. Para as mulheres, calças claras, coloridas ou estampadas, vestidos leves, sandálias baixas, bermudas e shorts em reuniões mais íntimas.

Traje passeio ou esporte fino *tenue de ville* (em francês), *smart casual* (em inglês) — para vernissages à noite, exposições, conferências, jantares com amigos. Para os homens, camisas de tecido ou polo, calças cáqui, jaquetas ou blazers. Para as mulheres, vestidos, saias e calças com blusas mais caprichadas, sapatos ou sandálias de salto.

Passeio completo ou social *costume complet* (em francês), *formal ou social attire* (em inglês) — para casamentos, coquetéis à noite, grandes comemorações, posse de políticos. Não tem conversa: é terno escuro e gravata para acompanhar as mulheres, que estarão usando vestidos de festa, curtos ou às vezes até longos, em tecidos mais nobres, como a seda, além de rendas, transparências e bolsinhas pequenas tipo *clutches* (bolsa de mão, sem alça).

Traje a rigor *tenue de soirée* (em francês) ou *black tie* (em inglês) — para bailes, banquetes ou festas especiais. Para eles, smoking: calça e paletó pretos com acabamentos em cetim, camisa branca com peito pregueado, recortado ou duro, faixa na cintura e gravata-borboleta pretas. Para elas, vestidos de baile tipo "tapete vermelho": longos, bordados, brilhos e transparências. É a hora das joias importantes, da maquiagem profissional, das bolsinhas bordadas.

Para os homens existe ainda um grau acima de formalidade: *white tie*, a casaca preta com longas abas traseiras, calças pretas, colete branco e a famosa gravata-borboleta branca. É usada apenas em eventos oficiais muito especiais e por maestros e músicos de orquestras sinfônicas.

 **INTERVALINHO**

British stravaganza As(os) inglesas/ ingleses são conhecidas(os) pela pontualidade, pela educação e pela discrição, e, no entanto, podem ser extremamente extravagantes na hora de se vestir. As ruas de Londres são verdadeiras passarelas de uma moda pessoal, desafiadora, que mistura tradição com modernidade. Sem falar que ninguém usa chapéus mais exóticos que as inglesas, tanto em cerimônias religiosas (é só lembrar do casamento do príncipe William com Kate Middleton) como em festas no campo e em corridas de cavalos.

A mais famosa dessas corridas — e onde se veem as mulheres com os chapéus mais loucos do mundo — é a Royal Ascot Racecourse, para a qual as(os) convidadas(os) recebem um convite com a seguinte indicação de figurino: *morning suit*, que significa homens de fraque de cauda longa, calça cinza e cartola e mulheres de vestido na altura do joelho e chapéu. A recomendação vai além; estipula que, para as mulheres, nenhum chapéu pode ter menos de dez centímetros de base cobrindo a cabeça, e são proibidos os vestidos tomara que caia e de alças finas.

Por que vestidos de alcinha são proibidos? *British stravaganza*, ora essa!

BIKE DRESS

Você é moderna(o), eco-friendly ou esportista e um belo dia resolve se locomover pela cidade de bicicleta. Chega de carro, de trânsito, de poluição! A vantagem é que você não está sozinha(o): são muitas(os) as(os) colegas pelo mundo afora que pedalam, sendo que algumas/ alguns delas/ deles fazem isso há anos. Em Copenhague, capital da Dinamarca, por exemplo, 50% da população usa a bicicleta diariamente para trabalhar, buscar criança no colégio, ir a festas... Mesmo as(os) parlamentares importantes e as(os) idosas(os) usam o veículo para suas sessões no Parlamento, bem no centro da capital. E a brincadeira não é de hoje: dinamarquesas e dinamarqueses utilizam a bicicleta como meio de transporte desde 1880!

André do Val, jornalista e ciclista amador, dá suas recomendações para quem quiser se aventurar nos pedais: "Há dois tipos de ciclistas: os que consideram a bicicleta um veículo e os que se consideram pedestres. Os primeiros andam paramentados: bermuda de lycra, capacete, óculos-máscara, luvas e mochilas ergonômicas com água, suprimentos alimentares e ferramentas em todos os bolsos disponíveis. São os que peitam carros e ônibus, respeitam rigorosamente as calçadas, são ativistas. Sou um ciclista do tipo pedestre: se o trânsito aperta, desço da bike e vou empurrando. Procuro andar por ruas menores, mais calmas e, se houver qualquer mudança de planos (tipo chuva) ou se eu estiver atrasado, deixo ela em casa sem nenhum peso na consciência".

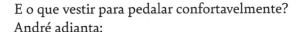

E o que vestir para pedalar confortavelmente? André adianta:

1 O mais importante: os tecidos para as roupas de pedalar devem ter algum tipo de elasticidade. Os tecidos rígidos, além de amassar, correm o risco de rasgar ou travar os movimentos.

2 Sapatos com solados muito duros (couro, madeira...) podem escorregar no pedal.

3 Quanto mais fresca a roupa, melhor. Mesmo no inverno; você se aquece depois de algumas pedaladas.

4 Camisas de tecido são mais frescas que as de malha. Mas vale usar uma regata por baixo para absorver o suor.

5 A hora em que mais se sua é quando se para de pedalar. Vale então correr para o banheiro, tirar a camisa, se for possível, e molhar os pulsos na torneira para baixar a temperatura enquanto a roupa areja. Esse truque ajuda bastante.

6 Se o caminho não for muito longo ou trabalhoso, não é preciso tomar banho quando chegar. Tendo tomado banho e passado desodorante, sua-se tanto quanto andar de transporte público ou num carro sem ar-condicionado.

7 Evite reaplicar o desodorante. Use no máximo uma água de colônia para refrescar. Se quiser, leve uma camisa limpa para trocar.

8 Mochila é sempre o melhor jeito de carregar suas coisas.

9 Se estiver de calça comprida, use a meia da perna direita por cima da calça para evitar que a barra encoste na correia, que tem graxa. Pode ser um jeito moderno de mostrar uma meia colorida ou estampada.

10 Aliás: cores e estampas são uma ótima pedida para as roupas, já que ajudam a destacar sua silhueta entre os carros.

Cidades boas para pedalar

São muitas as cidades, e até mesmo os países, onde é um prazer andar de bike, de tão amigável o ambiente para seus adeptos. Que tal experimentar umas pedaladas quando passar por uma dessas cidades?

- Copenhague (Dinamarca) e Amsterdã (Holanda): metade da população das duas cidades anda de bicicleta. Até os semáforos são adaptados ao ritmo delas.
- Barcelona (Espanha): você vai encontrar mais de cem pontos de aluguel de bicicleta pela cidade, além de um "anel verde" que permite aos ciclistas cruzarem toda a área metropolitana.
- Berlim (Alemanha): a cidade é plana e cheia de facilidades para ciclistas.
- Buenos Aires (Argentina): até as(os) *hermanas(os)* são mais bem servidas(os) de ciclovias que nós! Além

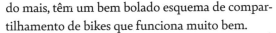

do mais, têm um bem bolado esquema de compartilhamento de bikes que funciona muito bem.

- San Francisco (Estados Unidos): só para atletas, pois a cidade, apesar do grande número de ciclistas corajosas(os), é cheia de ladeiras.
- Nova York (Estados Unidos): o número de ciclistas vem aumentando dia a dia. Por enquanto, 200 mil ciclistas rodam pela cidade. Não é pouca coisa.
- Pequim (China): o trânsito é uma bagunça, mas são tantas as bikes que os carros as respeitam. São 500 milhões circulando pelo país!
- Aracaju (Brasil): é a cidade brasileira que mais usa bicicleta como transporte, seguida de Porto Alegre, São Paulo, Rio de Janeiro e Campinas.

4

GUARDA-ROUPA
DE
MULHER

ROUPA DE TRABALHO RESOLVIDA E MEIA HORA DE SONO A MAIS

São três os tipos de guarda-roupa para o trabalho: o que dá certo em uma empresa formal, o que funciona em empresas informais e o que se vê nas superinformais. Vamos destrinchar cada um deles para que você não perca tempo pela manhã pensando na roupa que vai vestir. Use esses minutos de dúvida torturante para algo mais rentável para sua carreira.

> **Pré-seleção**
>
> Separe um canto do seu guarda-roupa para as peças que sabidamente são as boas companheiras de luta. Depois mentalize (ou faça uma listinha e grude na porta do armário) todas as combinações possíveis entre elas, com seus respectivos acessórios.

GUARDA-ROUPA FORMAL

Serve a advogadas, funcionárias públicas, executivas do ramo financeiro, gerentes de banco, secretárias de diretoria, presidentes de empresas. Espera-se delas uma aparência mais convencional e séria, que indique eficiência e inspire confiança.

Você pode perguntar: respeito se consegue com um terninho bem cortado? Eu digo que boa aparência não substitui competência, mas não há competência que não se beneficie de uma boa aparência.

Por isso, se você está a fim de um emprego numa área formal, saiba que vai ser mais fácil ser integrada(o) nela se lembrar que essas normas (mesmo que não ditas) ainda existem — e contam pontos.

Certa vez fui a uma reunião com o presidente de uma grande empresa de cosméticos. Quando cheguei, ele estava terminando uma conversa com algumas/ alguns jovens que saíam da grande sala de reuniões. O presidente me contou, então, que aquelas/ aqueles eram as(os) treze pretendentes restantes para três vagas abertas na empresa — para as quais haviam se apresentado inicialmente 7 mil candidatas(os) —, que tinham acabado de passar por uma última avaliação. Todas(os) com ótimas qualidades e currículos muito próximos. "E agora, como escolher?", perguntei. "Agora", disse o presidente, "é olho no olho. Vão ser escolhidos os que falaram melhor, os que estavam mais bem-vestidos, os que souberam usar direito o garfo e a faca durante o almoço."

Entendeu, não é? Por isso, se você é do tipo que acha tudo isso uma caretice, que não vê sentido num corpo sem tatuagem, tem horror a salto alto, não entende por que não pode ir trabalhar de moletom, que é tão mais confortável, não acho que deva tentar uma carreira num banco ou num fórum. Você vai ser infeliz como uma leoa numa jaula.

Nas empresas formais, o que funciona pra valer são roupas bem cortadas, os blazers nas proporções que a moda está pedindo, as cores mais neutras, as saias na altura do joelho, os decotes mais fechados, as calças confortáveis e não tão justas e agarradas como leggings. Para dar personalidade ao look, use e abuse de acessórios coloridos, como lenços e bijuterias, e capriche no design de sapatos e bolsas.

Hollywood e os seriados de TV (*Mad Men*, por exemplo) fixaram no imaginário do mundo a roupa ideal da executiva perfeita: terninho ou tailleur meio masculinos, camisa fechada, meia de náilon, sapato de salto e, quando muito, um colarzinho para dar uma levantada. Cabelos presos e óculos, sempre.

Roupinha mais sem graça impossível. Mas o look colou. Ficou a ideia de que uma profissional, para ser levada a sério, tem que se vestir assim. Haja vista o modo como as presidentes (ou candidatas) das diversas repúblicas do mundo se apresentam, da ex-presidente Dilma Rousseff a Angela Merkel, chanceler da Alemanha, passando por Michelle Bachelet, presidente do Chile, Hillary Clinton, ex-candidata à presidência dos Estados Unidos, e Theresa May, primeira-ministra do Reino Unido.

Essas senhoras não se deram conta de que não é preciso ser sem graça para se impor. Já Ms. Christine Lagarde, a francesa atual diretora-gerente do FMI, é rainha do bom uso do tailleur e do terninho e poderia ensinar boas lições a todas essas digníssimas damas. Ninguém usa lenço, broche ou colar melhor do que ela. Sem falar no corte e na cor do cabelo dessa estilosa francesa.

Mas, se o modelo hollywoodiano é um clichê um pouco fora de moda para os padrões atuais, continua sendo o traje ideal para as ocidentais que forem trabalhar em boa parte dos países muçulmanos. Lá elas devem, sim, se apresentar de tailleur, com saia abaixo do joelho, camisa fechada e blazer, sempre em cores neutras. E jamais com braços de fora, sapatos abertos, decotes e roupas coloridas. E, dependendo de quem participar de uma reunião, a cabeça deve estar coberta por um lenço que esconda o cabelo.

Monica Monteiro, diretora executiva da produtora Cine Group, teve que retornar ao hotel em Moçambique, na África, para pegar um blazer, depois de ter ido ao encontro de um importante cliente local, que ela havia conhecido e com quem já havia trabalhado no Brasil, com uma discreta blusa sem mangas num dia de quarenta graus à sombra. Uma blusa linda, chiquérrima, lembra Monica, rindo. Foi barrada na porta e avisada de que "estava malvestida"!

Culturas e preconceitos. Levantando os véus

Vejam bem: não é só uma questão de roupa. A executiva brasileira do setor de finanças Angela Martins, autora de *A banca islâmica*, primeiro livro a ser lançado no Brasil sobre o assunto, conta que, sobretudo na Arábia Saudita, a coisa é séria para as mulheres, a começar pelo fato de que tudo é separado. "Existem agências de viagens só para elas, portas diferenciadas nos aviões, e, para entrar no país, uma mulher precisa estar acompanhada do marido, pai ou irmão."

É difícil para nós acreditar que, em pleno século XXI, o lugar das muçulmanas ainda seja longe das vistas dos homens. Em alguns países mais liberais, elas até podem trabalhar, mas o traje é a *abaya*, aquela roupa longa, preta, que cobre a mulher da cabeça aos pés, deixando só o rosto de fora.

Por isso, as ocidentais que quiserem trabalhar lá devem seguir as regras. A lista das interdições vai além: não se olha um homem nos olhos, não se deixa o cabelo à mostra, pois são comportamentos muito sensuais, e ai da mulher que for pega andando sozinha pela rua... Angela lembra a história de um banqueiro canadense morador de Riad que, certa noite, depois do jantar, foi acompanhar uma colega, também canadense, de volta ao hotel. Parados numa blitz pela polícia religiosa, foram questionados sobre seu grau de parentesco; responderam que eram colegas de trabalho e que não tinham nenhuma ligação familiar. Resultado: a moça foi presa e no dia seguinte deportada com o carimbo de *"whore"* [prostituta] no passaporte.

O diretor-geral da Câmara de Comércio Árabe-Brasileira, Michel Abdo Alaby, adverte que "em escritórios que empregam mulheres ocidentais, elas devem ficar pelo menos com a cabeça coberta, inclusive para sair à rua". É verdade que Michelle Obama, num gesto de independência, não cobriu a cabeça quando acompanhou o marido em visita oficial à Arábia Saudita. O fato deu o que falar mundo afora.

GUARDA-ROUPA INFORMAL

Serve a publicitárias, jornalistas, agentes de viagem, professoras, bancárias, assessoras de marketing, corretoras de imóveis, arquitetas.

O guarda-roupa de trabalho informal é mais flexível, dá espaço para algumas ousadias e por isso se presta mais a escorregões. O melhor, então, é fazer uma lista do que **NÃO** deve ser usado em um desses escritórios em qualquer lugar do mundo:

1 Tops e blusinhas que deixem a barriga de fora.

2 Roupas de academia (leggings com bustiês curtos, calças de moletom, shorts).

3 Decotes, fendas e transparências.

4 Lingerie aparecendo.

5 Saias curtas ou muito justas.

6 Looks de balada (disco, góticos, punk, funk...).

7 Looks étnicos (franjas de casacos de caubói, batas indianas, ponchos andinos, caftãs africanos...).

8 Jeans rasgados, detonados.

9 Calças muito justas.

10 Botas com esporas, muito metal, saltos exagerados, muito enfeitadas; botas corsário.

Os estrangeiros costumam comentar o modo sensual de as brasileiras se vestirem, inclusive no local de trabalho. Me pergunto se as telenovelas não têm, às vezes, alguma responsabilidade no reforço dessa tendência. As competentérrimas figurinistas da televisão criam looks tão marcantes que acabam sendo copiados sem o menor critério. As atrizes que representam profissionais como secretárias, arquitetas, executivas ou consultoras de moda se vestem de forma provocante desde as primeiras horas da manhã! É ficção, gente! É show! Não é para ser imitado!

As brasileiras se vestem com um mix de sensualidade e informalidade que, como comenta Maria Cláudia Guimarães (diretora-geral do Bank of America Merrill Lynch), confunde bastante os estrangeiros. Os próprios brasileiros ficam em dúvida sobre a impressão que essa imagem passa. Ela conta que uma de suas jovens colaboradoras veio reclamar que os homens da empresa a olhavam de forma diferente, e ela não entendia por quê. "Tive que explicar que roupas emitem mensagens e que suas calças eram, na maior parte das vezes, justas demais, sem falar nas fendas laterais, que chamavam a atenção para suas pernas, sendo inevitável atrair os olhares. Ela ficou muito admirada. Nunca havia pensado nisso."

Pois é bom que se pense, para não causar nem ter problemas com ninguém.

Ou seja: nem look de balada, nem sexy demais, nem academia, nem freira. Repetindo: roupa de trabalho tem características próprias que devem evidenciar sua personalidade e a da empresa. Se elas não chegarem a um acordo, você possivelmente está trabalhando no lugar errado.

GUARDA-ROUPA SUPERINFORMAL

Serve a funcionárias de produtoras de vídeo, de empresas de internet, de start-ups, de algumas agências de publicidade e dos lugares onde o mundo artístico circula, como estúdios de cinema, televisão, gravadoras.

Nesses locais, o look esperado é o mais desencanado ou o mais ousado e criativo possível — o que não quer dizer vulgar. Esse é o reino do cabelo cor-de-rosa, do shortinho, das regatas "podrinhas" com frases punk estampadas, dos coturnos, da maquiagem pesada e de toda moda tipo "não estou nem aí pras convenções; sou moderna e sei das coisas" que se possa imaginar. Nem pense em pedir emprego em um desses lugares se você não tiver ao menos uma boa tatuagem num lugar bem visível (e não me venha com borboletinhas, florezinhas ou estrelas). Nessas empresas a moda formal até pega mal!

PERGUNTINHAS MUITO APROPRIADAS

O mundo do trabalho formal é o que causa a maior parte das dúvidas, justamente por ter regras mais rígidas e ser menos aberto a manifestações muito personalizadas. Entra ano, sai ano, e algumas dúvidas, sempre as mesmas, continuam a desafiar o espelho dos armários. Vamos acabar com elas.

1. Pode usar roupa de couro em escritório formal?
Pode, desde que não a faça parecer uma motoqueira ou uma adepta do mundo sadomasoquista. Esqueça tachas, franjas, aplicações de metal. Deixe a calça ou o macacão de couro de fora. Limite-se a jaquetas ou uma saia; nada muito chamativo.

2. Unha verde e cabelo rosa, pode?
Você gostaria de ter uma dentista mexendo em sua boca com unhas azul-marinho furta-cor? Dez vezes mais difícil para uma advogada impor respeito e credibilidade se aparecer num tribunal com o cabelo rosa, calça de couro cheia de pregos e barriga de fora. É só lembrar do filme *Erin Brockovich*, em que o tempo todo a seriedade profissional de Julia Roberts é questionada por conta de seu figurino "periguete". Durante o expediente, fique no convencional.

3. Posso usar sapato baixo, bacana e atualizado, com terninho ou tailleur?
Pode. Os sapatos baixos entraram na lista dos bem--vindos na moda. Mas não me venha com tênis, sapa-

tilhas decotadas, mules, sandalinhas rasteiras ou muito peladas. Ainda assim, antes de ser a primeira a chegar de sapatos baixos, dê uma olhada em volta e tire a temperatura do grau de formalidade da empresa. Saiba que, embora não exijam, os escritórios mais tradicionais recomendam salto e sapatos fechados.

4. Botas. Pode?
Se for baixa ou tiver salto médio, sem ferragens exóticas, como esporas, tachas e pinos, nenhum problema. Também não deve ter salto alto e fino nem biqueira de verniz ou metal, nem ser do tipo corsário (acima do joelho). Uma bota de salto mais grosso que não tenha aspecto rústico (como as dos caubóis) ou pesadona (como os coturnos punk) pode perfeitamente ser usada com calça ou saia.

5. A bolsa deve combinar com o sapato?
Dessa dobradinha você está livre. Bolsa e sapato devem manter boas relações, mas não têm que ser iguais, da mesma cor ou do mesmo material. Você pode, por exemplo, estar com sapato preto e usar uma bolsa vermelha, ou pode estar com um sapato bege e usar uma bolsa de lona colorida.

6. Posso usar vestidos ou blusas sem mangas no escritório ou em reuniões?
Em países tropicais do Ocidente, em que as temperaturas podem chegar a 40 graus, ninguém estranha um vestido sem mangas se ele não for decotado e não deixar o sutiã aparecer na cava. Numa reunião fora do escritório,

é conveniente levar um cardigã ou um blazer — vai que o ambiente seja mais formal ou que o ar-condicionado esteja abaixo de zero.

7. Posso usar um vestido de malha em vez de tecido?
Por que não? Só cuide para que ele não grude e marque demais o corpo. Use com combinação que o assunto fica resolvido.

8. Saias longas ou mídi são discretas, não? Estão liberadas em escritórios?
Não! São comprimentos de moda. "Última moda" não combina com a sobriedade dos escritórios formais. No escritório, suas saias devem ficar perto dos joelhos.

9. Posso usar bijuteria e maquiagem?
Deve. Dão ótimo acabamento ao look. Só não exagere em nenhum dos dois para não parecer que se vestiu para subir num palco.

10. Quantas vezes posso repetir uma roupa?
Quantas quiser e ela aguentar. É chic, sensato, normal, tudo a ver, além de ecologicamente correto. Varie os acessórios.

Para não deixar dúvidas, uma dica preciosa: o guarda-roupa de trabalho não deve ser muito conservador porque pode passar a ideia de desatualização, mas "última moda" também não funciona porque passa a impressão de futilidade.

5

GUARDA-ROUPA DE HOMEM

DEZ MINUTOS A MENOS DE SONO. DEZ PONTOS A MAIS EM ELEGÂNCIA

O jornalista Paulo Mendonça, apelidado de Paulo Roupa por seu gosto duvidoso para se vestir quando jovem, ao começar a trabalhar, decidiu que só vestiria ternos cinza e azul-marinho (fazendo concessão ao cáqui no verão), camisas brancas e azuis e gravatas lisas e neutras. Assim não tinha como errar.

Fez ele muito bem. Poucas cores, poucas peças, e o assunto, para os homens, está resolvido. Fora o fato de que peças de qualidade duram anos e nem assim saem de moda. Meio sem graça, mas sem dúvida um básico neutro que não deixa ninguém mal. Aos poucos, os interessados em ter um visual um pouco mais charmoso podem ir observando homens que são conhecidos por se vestir bem e ir ousando um pouco na combinação de cores, na mistura de padronagens das gravatas e das camisas, criando um look com mais estilo e personalidade.

GUARDA-ROUPA FORMAL

Serve a políticos, banqueiros, advogados, funcionários públicos de alto escalão, diretores de empresas multinacionais.

Não adianta chiar, amigos: estamos no território do terno e da gravata — roupa ícone de gente que quer passar a ideia de seriedade. Até hoje se ouve que "fulano estava bem-vestido", querendo dizer com isso que a pessoa estava usando terno e gravata. O que nem sempre é verdade: um homem pode estar chiquérrimo com uma roupa casual bem escolhida e muito deselegante em um terno mal-ajambrado e de tecido ruim.

E mais: os ternos profissionais devem ser sóbrios e ficar longe de modismos, como silhuetas muito ajustadas, calças curtas, lapelas muito finas e pequenas ousadias do tipo sapatos sem meias. Os mais jovens e os modernos adoram essas novidades. Meu conselho é que você deixe essas gracinhas para os momentos de lazer, caso elas lhe digam alguma coisa.

Um guarda-roupa formal básico pode ser resumido aos seguintes itens:

Ternos: cinza e marinho o ano todo, podendo acrescentar cáqui e bege no verão. Evite ternos pretos e coloridos; evite também o marrom, que lembra sujeira. No Japão, ternos marrons são malvistos, provavelmente por uma evocação da Idade Média, quando o marrom, cor da terra que sujava as mãos e as roupas dos camponeses, virou símbolo de trabalho humilde e pesado. Evite também o verde-musgo, cor que abate e empalidece (conselho que vale também para camisas e malhas).

O corte do terno deve ser atualizado, mas sem modismos (evite paletó apertadinho, cheio de botões ou ainda com botões de menos).

Coletes, a terceira peça do terno: cuidado! Coletes podem ser muito formais e dar um tom antigo à roupa, ou, nos mais jovens, ser fashion demais e deixar o look afetado.

Já os coletes de malha (sem mangas) em tons neutros, como marinho e bege, são sempre bem-vindos. Podem também servir para dar um pouco de cor ao visual, como os vermelhos, amarelinhos, bordôs — até o xadrez em losangos é permitido. Ficam bem com calça + blazer por ser uma dupla menos formal, mas não combinam com ternos.

Calças avulsas: em brim e gabardine, nas cores cáqui, bege, gelo e marinho. Se forem de lã, prefira as cinza. Vão combinar com todos os blazers.

Blazer: preto, marinho (nada de profusão de botões dourados ou enfeitados com âncoras e brasões, próprios de um capitão de navio); para o inverno, os tweeds e o xadrez tipo príncipe de Gales. Essa, sim, é uma boa hora para os tons de outono, inclusive os marrons.

Camisas: brancas, azuis, listradas e xadrez miúdo para as ocasiões menos formais. Evite camisas de cores fortes (laranja, vermelho, amarelo, verdão), padronagens grandes de listras ou xadrez, estampadas ou ainda aquelas moderninhas, cheias de detalhes (como pespontos contrastantes, punhos e golas listradinhos, debruns, casas de botão coloridas).

Suéteres: prefira os lisos e de malha fina. Valem os xadrez em losangos. Deixe os de pontos largos e grossos para os fins de semana, assim como aqueles com bordado de pinheirinhos, alces ou motivos étnicos (peruanos, alpinos, nepaleses). Não se usa suéter com terno (quem mora em lugar frio deve providenciar um ou dois ternos de lã); no entanto, uma malha mais leve combina bem com blazers e gravatas.

Gravatas: território livre para um pouco de liberdade e criatividade. Gravata não tem que combinar com nada, mas não exagere: ela deve ser o toque final de cor e deve estar em harmonia com o look como um todo. Cores escuras e lisas são as mais sóbrias; listras, bolinhas e estampas pequenas são perfeitas para o dia a dia. A largura depende do humor da moda.

Meias: marinho e pretas; marrons de vez em quando. Evite as bege-claras, as fantasia e as de cores fortes. Brancas? De jeito nenhum.

Cintos e sapatos: marrons e pretos e está mais do que bom. Evite sapatos cinza, marinho e bicolores.

Acessórios: pasta, mochila, relógio, cartões de visita, carteira, caneta, cachecóis.

Na gaveta: nécessaire com escova de dentes e pasta, desodorante, pente, perfume leve, aparelho de barbear, cortador de unha.

Enrolado até o pescoço

Cachecóis, além de proteger do frio e do vento, são uma boa oportunidade de trazer algum charme ou cor

88

ao visual. Valem os lisos, os xadrez e, para quem sabe levar, os estampados do tipo cashmere. Combinam com looks esportivos e ficam ótimos também com blazer, gravata e até com terno, num dia frio e ventoso. Experimentem, rapazes! Ponham um pouco de graça e fantasia no universo meio neutro das roupas masculinas tradicionais.

GUARDA-ROUPA INFORMAL

Para funcionários públicos, publicitários, editores, jornalistas, profissionais da imprensa em geral, agentes de viagem, professores universitários, bancários, assessores de marketing, corretores de imóveis, arquitetos.

O mundo todo está indo no sentido da informalidade. Desde o choque de juventude da década de 1960 até o aparecimento de uma nova classe econômica nascida no final do século passado no Vale do Silício, as formas mais relaxadas de viver, se vestir e trabalhar influenciaram o comportamento das empresas e da vida social. O conforto passou a ter vez e relevância no vocabulário da moda.

Aposte em

- camisas polo, de *chambray*, jeans, xadrez e de listras, sem grandes padronagens e cores fortes;

- blazers;
- parcas e jaquetas em jeans, brim, náilon, camurça e couro;
- calças cinza de flanela e veludo cotelê (quando estão na moda), no inverno;
- calças de brim e gabardine, no verão;
- cores: todos os tons de marinho, cáqui e bege;
- jeans escuros, sem enfeites e sem lavagens agressivas o ano todo;
- mocassins, sapatênis.

Evite:
- shorts, bermudas, bermudões, se não for uma prática já aceita;
- sapatos brancos, sandálias peladas ou de dedo;
- look total em moletom (calças, então, nem pensar);
- joias chamativas: anéis, pulseiras, correntes;
- jeans detonados, furados, caídos, *oversized*;
- estampas e cores chamativas;
- conjuntinhos (calça e camisa do mesmo tecido);
- cintos com fivelas enormes;
- regatas (essas malditas ficaram salientes depois que a moda do braço malhado resolveu botar as manguinhas de fora);
- camisetas com dísticos engraçadinhos, especialmente as do seu time;
- camisas transparentes ou de seda;
- camisas esporte com calça de terno e sapato social, em look híbrido;
- calças brancas;
- botas de estilo country.

O modo como os israelenses se vestem para trabalhar é muito casual. Não importa o cargo. Boaz Albaranes, chefe da Missão Econômica de Israel no Brasil, conta que, no governo, as autoridades mantêm uma roupa social completa no armário do Parlamento, para uma necessidade de última hora. Uma ótima solução, que toda(o) executiva(o) poderia adotar.

"Tivemos uma reunião com chineses. Como eles são sempre muito formais, para sermos simpáticos, nós, israelenses, fomos de terno. Por outro lado, os chineses pesquisaram e descobriram que em Israel é tudo mais descontraído e chegaram de camiseta. Para agradar, cada um se vestiu segundo o costume do outro." O gesto, claro, divertiu e agradou aos dois lados, além de ter sido uma simpaticíssima maneira de quebrar o gelo.

GUARDA-ROUPA SUPERINFORMAL

Serve a funcionários de produtoras de vídeo, de empresas de internet, de start-ups, de algumas agências de publicidade e dos lugares onde o mundo artístico e técnico circula, como estúdios de cinema e televisão, gravadoras.

Entramos aqui no perigoso território do quase-vale-tudo. Muita informalidade propositalmente descuidada, ou descuidada por total falta de noção no modo de se vestir e se portar, sobretudo por parte dos mais jovens.

É bom lembrar que, dentro de casa e entre colegas, tudo é permitido: bermuda, chinelo, até pijama. Mas, quando for a uma empresa, a conversa muda de tom.

Steve Jobs tinha um uniforme ao mesmo tempo elegante e informal: jeans e malha preta, que ele usava em todas as suas aparições públicas. Era muito elogiado por isso e até acabou sendo imitado por muitos. Criar um look único que identifique o personagem acaba se tornando um importante instrumento de comunicação e até mesmo de poder. Mas é preciso tomar cuidado para não se tornar prisioneiro da própria imagem e saber quando o figurino tem que se adaptar a um ambiente mais convencional.

Mark Zuckerberg, o jovem criador do Facebook, inventou um look que é sua marca registrada: camiseta, moletom com capuz, jeans e chinelos Adidas, que ele usa tanto em uma reunião de negócios quanto no bar com amigos. Dizem que ele tem mais de cem moletons iguais e outros tantos chinelos.

No entanto, Zuckerberg usou gravata durante todo o ano de 2009 — para passar a imagem de seriedade depois da crise de 2008 — e vestiu terno e gravata em seu casamento com Priscilla Chan.

Guel Arraes, diretor de cinema, teatro e televisão, só anda de sandálias de couro; nunca usa sapato fechado. Perguntei a ele quando e por que tomou essa decisão radical. "Esse hábito começou na época em que eu morava em Paris, nos anos 1970. Um dia me mandaram de presente umas sandálias brancas trabalhadas, modelo 'pernambucana', o mesmo que uso até hoje, criação do seu Expedito Seleiro, artista/ artesão de Nova Olinda, no Ceará. Passei a andar sobre essas 'raízes nordestinas' como uma compensação das saudades que eu sentia do Brasil. Além do mais, o exotismo delas provocava um bom efeito nos franceses. De volta ao país e já acostumado com elas, eram mais adequadas ao clima do que sapatos fechados. E como me visto de forma bastante banal, adotei-as como uma mínima forma de personalidade vestimentar."

Tive de perguntar também em que ocasiões ele calça sapato fechado (se é que usa em alguma) — por exemplo, se for convidado para ser padrinho de um casamento ou para disputar um Oscar em Los Angeles. "Quase nunca uso sapato. Difícil até de lembrar. Certamente uso sandálias em casamentos e cerimônias afins. E usaria sandálias num improvável Oscar. Pertencer à 'classe artística' ajuda bastante na aceitação. Mesmo assim, quando vou ao Municipal ainda tremo de medo de ser barrado."

Se você não pertence à "classe artística", tome suas precauções na hora de ir atrás de um trabalho, apresentar um projeto, sair um pouco de sua área normal de circulação. Se a pessoa que você quiser conquistar para sua causa não compartilhar ou não entender o que sua aparência e seus modos demonstram, suas reivindicações começam com uma desvantagem difícil de recuperar. Vai por mim.

PERGUNTINHAS MUITO APROPRIADAS

1. Pode terno xadrez?
Pode, desde que em padronagens tradicionais como o príncipe de Gales; assim mesmo, pequenas e discretas.

2. Pode camisa de manga curta com terno e gravata?
Não é a oitava maravilha do mundo, mas seria absurdo proibir essa prática em países tão quentes que se pode fritar um ovo no asfalto. Já basta que vocês, infelizes, tenham que usar gravata!

3. Pode camisa polo com blazer e gravata?
Não. Deixe essa nova gracinha para as baladas ou para as empresas informais. E sem a gravata, pelo amor de Deus!

4. Se minha empresa tem casual friday, posso ir de bermuda?
Por mais casual que uma empresa formal seja, ela não costuma achar a menor graça em exageros, e o uso de bermuda pode ser um deles. Não facilite e pergunte ao RH da empresa quais são os limites de tolerância em relação às calças curtas.

5. Posso usar terno com mocassim?
Se por mocassim você entende um sapato sem cadarço, pode. Modelos mais fechados e não muito rasos arrematam perfeitamente os ternos do dia a dia.

6. Que tipo de sapato se usa com terno?
Sapatos mais fechados, mesmo que sejam do tipo mocassim. Para um dress code do tipo "social completo", ou seja, terno escuro e gravata, o ideal são os sapatos de amarrar. Terno com tênis, sapatênis, mocassim sem meias, só se você for "do mundo artístico" ou muito jovem.

7. Qual a boa hora para usar camisa com botão no colarinho? Ela pode ser usada com gravata?
Os norte-americanos têm usado esse tipo de camisa no dia a dia há muito tempo. É uma camisa que fica bem sem gravata e que suporta uma delas se necessário. Seu uso é casual e dá um ar mais esportivo para um terno, embora acompanhe melhor blazers avulsos.

8. Que tipo de agasalho devo usar com terno em dias muito frios?
É a hora dos coletes (sem mangas) de malha de lã e das malhas finas, ambos com decote em V. Os suéteres de decote redondo são bonitos, mas dão um ar mais esportivo ao look.

9. Fui convidado para um churrasco na casa do meu chefe. Posso ir de bermuda e chinelo?
Melhor não arriscar; vá com uma calça de brim e uma polo; assim não tem jeito de errar. Preste atenção ao modo como estão vestidos os outros convidados e, se só você não estiver de bermuda, saiba que o desconforto será muito menor do que se fosse o único de pernas de fora.

10. Camisa listrada com gravata. Existe alguma regra para combinar? A gravata precisa ser lisa?
Não existe regra, e a gravata não precisa ser lisa. É muito chique uma camisa listrada misturada a uma gravata estampada, desde que as duas não entrem em conflito. Para isso, o ideal é uma estampa miúda que tenha em sua paleta a cor da listra da camisa. Gravata lisa é acerto garantido, mas também não tem tanta graça.

11. Meias. Cor, altura, textura, aparecendo a marca?
Meia para acompanhar terno ou blazer com gravata deve ser mais fina e longa o suficiente para cobrir a canela quando você se senta. A cor pode ser a do terno ou a do sapato. O importante é que ela dê continuidade ao conjunto da roupa. Meia com marca, mais grossa, só se for numa ocasião muito esportiva ou na academia.

12. Calça jeans com blazer. É possível o uso em reuniões formais? E quanto ao uso de jeans rasgado com blazer?
Esse uniforme "casual comportado" masculino entrou na moda no final dos anos 1970 e nunca mais saiu, pela facilidade e pelo equilíbrio de sua composição, nem tanto lá nem tanto cá. Virou um clássico. Não é moda, não é moderno, mas também não é démodé nem antiquado. Continua valendo. Deixe o jeans rasgado para o fim de semana.

13. Camiseta por baixo da camisa: deve-se ou não usar?
Com terno e gravata: melhor que o decote seja redondo pra não aparecer. Sem terno e sem gravata: pode perfeitamente aparecer por baixo de uma camisa esportiva aberta.

14. Calça social: padrão ou mais curta?
Mais curta, daquelas que mostram a canela, só nos momentos de lazer ou para os fashionistas. Os demais ficam com as calças-padrão, ou seja, um pouco mais longas. Mas, mesmo assim, um pouquinho de atualização com as variações da moda sempre ajuda a dar um ar mais jovem para os que se vestem de modo clássico.

15. Posso usar brinco em um escritório formal?

Não sendo uma cascata de cristais, não vejo por que não. Não é o sonho do RH contratar um funcionário de brinco, mas, hoje em dia, algumas empresas tradicionais que querem parecer mais modernas até gostam de ter um homem com esse tipo de enfeite, assim como tatuagens e piercings. Saiba, porém, que a contratação terá um limite de vagas e que entra na categoria das cotas.

6

AO TRABALHO. APERTE O CINTO E VÁ À LUTA

START-UP OU *START* DEVAGAR

Empreender ou seguir carreira numa empresa? Hoje em dia, esse dilema se coloca desde o início para todas(os) as(os) que estão pensando em um rumo para seu futuro, já que a internet e a tecnologia trouxeram essa possibilidade para pessoas cada vez mais jovens.

A LUTA COMEÇA CEDO

Até pouco tempo, uma pessoa se formava numa faculdade, arranjava um emprego e começava a fazer carreira. Ia aprendendo a se vestir, a se comportar; o traquejo vinha aos poucos. Hoje, a comunicação instantânea e o acesso democrático à tecnologia possibilitaram o aparecimento de jovens que dominam totalmente suas manhas e recursos e que passaram a criar empresas com serviços inéditos para o mercado. Um novo empresariado entrou em cena, competindo de igual para igual (ou de igual para melhor) com experientes firmas de anos de tradição em vários ramos de atuação. Resultado? A(O) jovem empreendedora/ empreendedor começa a vida profissional já como presidente. Chega a essa posição de liderança sem passar por nenhum aprendizado. Entra para falar com a(o) CEO ou uma/ um presidente de banco de igual para igual. Seria até simpático se ela/ ele tivesse algum conhecimento dos rituais envolvidos num encontro desse tipo. Mas, como nota Fernando

Reinach, "esses jovens são muito despreparados: sentam antes do presidente e, sem nenhuma conversinha para esquentar o ambiente, já entram direto no assunto da reunião, achando que estão sendo objetivos, que ninguém está ali para perder tempo. Tudo isso com o smartphone ligado, que eles consultam o tempo todo, falando muito palavrão e gíria. Você até pode fazer isso se estiver diante de um executivo igualmente jovem, mas, no caso de uma pessoa mais velha ou mais formal, tem que esquecer o celular. Já vi até quem tirasse o sapato! Depois se queixam de que não conseguiram estabelecer uma relação melhor com o executivo, que ele não os atende mais ao telefone...".

É. A luta anda começando cedo. "Bem antes de se formarem, já são empresários", nota Maria Prata. "Às vezes, no segundo ano da faculdade já estão com suas empresas funcionando."

Pesquisas revelam que 71% das(os) jovens brasileiras(os) pretendem ter sua própria empresa e passar longe da tentativa de conseguir um emprego no mercado de trabalho tal como ele é. Os motivos? Querem ser donas(os) do próprio nariz e não ter que dar satisfação a chefe nenhuma/ nenhum. Querem fazer seus próprios horários e poder tirar folgas quando bem entenderem, além da vontade de ganhar dinheiro rapidamente. Esse sonho é possível e tem acontecido para algumas/ alguns das(os) que tentam, mas outras pesquisas mostram que várias dessas jovens empresas quebram a cara e fecham as portas em menos de dois anos. Para evitar frustrações, tenha em mente que, por mais independente, menor e enxuta que sua empresa seja, você vai ter nas costas um enorme compromisso: escapou de ter uma/ um chefe, mas vai ter que se tornar uma/ um delas/ deles; sua empresa vai ter que enfrentar burocracias de toda ordem, pagar impostos, dar conta de leis trabalhistas...

A liberdade é uma grande responsabilidade.

Por isso, você que está com uma ideia na cabeça e um dinheirinho na mão, louca(o) para botar seu bloco na rua, vá com calma, baixe a bola e aceite o fato de que há um passo a passo, uma série de etapas que terão de ser enfrentadas e bem resolvidas para que seu trajeto profissional seja um sucesso sólido e firmemente plantado, e não um fogo de artifício a brilhar por pouco tempo.

A vida profissional tem rituais práticos que devem ser observados para que o dia a dia funcione sem grandes trancos. Liderar uma equipe quando se é muito jovem não é fácil; nem para a(o) chefe nem para a equipe, seja ela da idade que for. Como diz Andrea Chamma, consultora de desenvolvimento estratégico: "O importante é estar sempre muito atento ao outro; estar o tempo todo ligado em 'com quem estou falando', seja ele uma/ um simples funcionária(o), uma/ um cliente ou outra(o) empresária(o), para ter um comportamento adequado e não perder o pé. Esquecer o autoritarismo de fazer sempre tudo do seu jeito e ter sensibilidade para sintonizar com a pessoa com quem se está querendo estabelecer algum tipo de diálogo, seja no âmbito dos negócios, seja na esfera pessoal".

O gerente da área de inovação social da Fundação Telefônica, Luis Fernando Guggenberger, comenta:

"Muitas pessoas têm boas ideias, mas não têm capacidade de botá-las em prática; muitos empreendedores não precisam de dinheiro, e sim de mentoria".

Alguns lembretes úteis para amenizar as agruras das(os) futuras(os) Zuckerbergs:

1 Não seja prepotente; você teve uma boa ideia de negócio, mas não inventou o mundo. Pessoas mais velhas ou que tenham experiência na sua área devem ser ouvidas com muita atenção.

2 Trate com consideração as pessoas de qualquer idade que trabalham para você e valorize as contribuições que elas trazem. Aprenda a delegar.

3 Aceite a ideia de que errar é também aprender. Nenhum problema em reconhecer um engano e começar de novo.

4 Ser um gênio da informática ou de qualquer outra coisa não dispensa ninguém de ter educação e desconfiômetro, qualidades que abrem portas importantes para o presente e o futuro de sua empresa.

5 Aprenda também a desligar e dar um tempo, para que novas ideias venham arejar sua cabeça e, consequentemente, seu negócio.

CARTEIRA ASSINADA. SE JOGA COM TUDO!

Entrar sozinha(o) em qualquer lugar onde não se conhece quase ninguém deixa sem graça até as(os) menos tímidas(os). Que dirá num escritório no primeiro dia de trabalho! O único modo de escapar daquela cara de perdida(o) e daquele olhar desamparado é se apresentar à(ao) chefe da seção ou ao RH da empresa e pedir informações sobre as(os) colegas, as chefias, a disposição das salas, e assim se situar, para entrar no ambiente com mais segurança.

Quer se ambientar com mais rapidez no seu local de trabalho? Vamos lá:

1 Apresente-se bem e rapidamente. Cumprimente suas/ seus vizinhas(os) de mesa, diga seu nome, peça as coordenadas delas/ deles. Mostre que quer aprender a rotina do trabalho e que está disponível para ajudar quem precisar.

2 Na hora do almoço, peça para ir junto e faça perguntas sobre a função de cada uma/ um. Tente dominar o funcionamento da empresa e conhecer bem sua cultura.

3 Não faça perguntas pessoais logo de cara nem conte intimidades.

4 Se alguma coisa incomodar — lugar da mesa, barulho das(os) vizinhas(os), falta de limpeza nos banheiros —, fale com o RH. Não reclame com os colegas.

5 O ar-condicionado da sua sala é mais gelado que o pico do Everest? Traga uma malha, um cachecol e não reclame; ninguém tem pena de quem sente frio, mas morre de dó de quem trabalha suando numa sala quente!

6 Nas festinhas da empresa, apresente-se e converse com pessoas de outros departamentos, inclusive com diretoras/ diretores e chefes que você não encontra o tempo todo. É um jeito de se fazer conhecer e, talvez, ser chamada(o) a participar de trabalhos mais interessantes. Não grude nas(os) conhecidas(os) com quem você convive diariamente.

INTERVALINHO

Prazer em conhecer Também não precisa exagerar nas apresentações. Conta o embaixador brasileiro Rubens Barbosa que, quando estava preparando a visita do então presidente Fernando Henrique Cardoso ao palácio de Buckingham, em Londres, teve um encontro de trabalho com o almirante chefe do cerimonial britânico para resolver assuntos relacionados à entrega das credenciais. Dentre as muitas opções e resoluções a ser tomadas, estava a escolha das carruagens e dos cavalos do cortejo. Muito sério, o funcionário da corte inglesa explicou ao embaixador a importância da escolha dos animais e perguntou: "O senhor gostaria de conhecê-los?". Polidamente o embaixador declinou da honra.

Seja como for, startapado ou empregado, trabalho é trabalho e tem suas exigências formais, seus rituais. Conheça-os para tirá-los de letra.

Quanto se trabalha? Quanto se trabalha!

Você sabia que nós, brasileiras(os), trabalhamos mais do que a maioria dos países desenvolvidos? Pois é... Em 1930, Estados Unidos e Europa Ocidental decidiram que a jornada de trabalho seria de quarenta horas semanais. O Brasil manteve suas 48 horas mais doze horas extras até 1988, quando houve uma mudança na Constituição. Mesmo assim, nós trabalhamos oito horas diárias, mais quatro horas aos sábados, num total de 44 horas semanais.

Brasil: oito horas de trabalho e uma hora de almoço.
Estados Unidos: sete horas e meia de trabalho e trinta minutos de almoço.
Alemanha: oito horas de trabalho, trinta minutos de almoço e duas pausas de quinze minutos durante o dia.
Espanha: oito horas e meia de trabalho e três horas de sesta (pausa mais longa no meio do dia).
França: oito horas de trabalho e uma hora de almoço.
Inglaterra: sete horas de trabalho e uma hora de almoço.
Itália: nove horas de trabalho e três horas para a sesta.
Suécia: tem horário flexível, visto que muita gente trabalha de casa.
Portugal: oito horas de trabalho e uma hora de almoço.

África do Sul: dez horas de trabalho e uma hora de almoço. "Mas os sul-africanos não costumam sair para almoçar", contam a sra. Salome Masuku e o sr. Dioka Mogano, cônsules políticos do Consulado-Geral da República da África do Sul no Brasil.
Israel: trabalha-se de domingo a quinta. Os israelenses costumam não ter hora para sair, mas a lei estipula que não podem ultrapassar doze horas de trabalho por dia. Têm direito a uma hora de almoço.
Índia: sete horas de trabalho e uma hora de almoço.
Japão: sete horas e meia ou oito horas de trabalho e uma hora de almoço (que normalmente não passa de 20 minutos).

CARTÃO DE VISITA NA CARTEIRA, POR FAVOR

Mais de uma década atrás, um grande empresário brasileiro do ramo da eletrônica foi à Finlândia conhecer novidades tecnológicas e voltou encantado com o que viu. Contou numa entrevista que "logo mais, os cartões de visita não serão mais necessários porque o bluetooth dos celulares se comunicará diretamente por aproximação e trocará cartões virtuais e outras informações importantes".

Na verdade, ainda estamos à espera dessa facilidade; por isso, cartões de visita eficientes e completos continuam sendo imprescindíveis, especialmente na vida profissional. Mais ainda quando os encontros se dão com vários participantes, muitas vezes até de nacionalidades diferentes. Quem vai se lembrar do nome e das funções de cada uma/ um depois de uma rápida apresentação? Acho até que os cartões deveriam ser trocados em eventos sociais, na falta de um smartphone à mão. Cansei de ir a festinhas ou jantares e conversar com pessoas interessantíssimas de quem perdi completamente a pista por não ter recebido um cartão com suas coordenadas. Uma pena!

INTERVALINHO

Crédito aos cartões Existem países em que as pessoas usam cartões para tudo: quando se mudam, no nascimento de um bebê, acompanhando presentes, nas festas de fim de ano, em situações de luto, para agradecer um jantar ou flores... Em Swanage, uma minúscula cidade litorânea ao norte de Londres, com 9500 habitantes, há um açougue e cinco lojas de cartões...

CARTÃO PROFISSIONAL.
APRESENTE-SE COM CLASSE

Um bom cartão profissional deve conter:

Nome da empresa
Nome completo da pessoa
Cargo ocupado
Endereço, CEP, telefone da empresa
Optativo e também dependendo da profissão: celular e e-mail
Também optativo: mídias sociais

Cartão profissional não é lugar para exercícios de criatividade, a menos que sua área de atuação comporte ou mesmo se beneficie deles. O mais importante é que ele contenha todas as informações que possam ser úteis para quem o recebe. No caso das profissões mais convencionais, aposte no seguro e sempre elegante papel branco com letras pretas ou cinza-chumbo.

Se a empresa tem negócios com países estrangeiros, o ideal é que o cartão tenha informações em português e inglês.

Caso você ou sua empresa trabalhem com países de grafia não ocidental, como Rússia, China, Japão, países árabes, por que não mandar fazer um cartão usando o alfabeto deles? Se a perspectiva for de uma relação comercial mais prolongada, o investimento vai valer a pena. O gesto denota seriedade da sua parte, além de apreço e respeito para com o país com quem você quer estabelecer laços.

Há todo um folclore em torno do ritual da entrega de cartões. Não se assuste se não souber exatamente se é para usar as duas mãos ou uma só, se ele tem que estar virado para quem o recebe ou não. O que vale é entregar com delicadeza, sem que seja atirado sobre a mesa em direção ao CEO da empresa, como já vi acontecer. Ao receber um cartão, leia e agradeça. Colocar na carteira ou no bolso sem ter lido é falta de consideração.

Há nomes impronunciáveis para grande parte do mundo, como aqueles com uma fileira de consoantes impossíveis de ler ou decifrar. O que fazer? Perguntar. Ao passar por uma situação dessas, peça uma explicação sobre a pronúncia e repita, para que a(o) dona(o) do nome complicado saiba que foi entendida(o).

Um dia, ao sair de um concerto da Orquestra Sinfônica do Estado de São Paulo (Osesp) na Estação Júlio Prestes, fui apresentada ao concertista, o pianista macedônio Simon Trpčeski, cujo nome estava escrito no programa. Como chamar uma pessoa tão consoante? Quando perguntei, recebi dele a resposta e um autógrafo.

MAY I HAVE YOUR CARD, PLEASE?
TROCANDO CARTÕES PELO MUNDO

Nos Estados Unidos, os cartões não seguem um formato-padrão e são diagramados ao gosto do freguês — alguns são tradicionais, outros muito criativos. Presidentes e CEOs usam modelos mais tradicionais; já o ator

Steve Martin optou por um cartão pra lá de inventivo, que diz: "Este cartão prova que você esteve pessoalmente comigo, que me achou agradável, educado, inteligente e engraçado". Termina com uma assinatura de próprio punho.

Na Hungria, o cartão, depois de lido, deve ser guardado no bolso do paletó, do lado do coração. "Colocar no bolso de trás da calça é considerado um insulto", diz György Erdös, cônsul do país em São Paulo.

Na China, no Japão e na Ásia em geral, os cartões têm um ritual de entrega mais cerimonioso: você deve segurá-lo com as duas mãos e com a escrita voltada para cima. Receba também com as duas mãos.

Na África do Sul e em outros países do continente africano, a troca de cartões, escritos em inglês, "se dá no final do encontro, à maneira chinesa ou japonesa, com as duas mãos e um leve aceno de cabeça", ensina Nara Pires, chefe do cerimonial da Afrochamber, Câmara de Comércio Afro-Brasileira.

A primeira coisa que faço toda vez que chego em casa ou volto ao escritório depois de um encontro de trabalho é pegar os cartões que recebi e escrever neles a data, o lugar do encontro e alguma característica da pessoa, para que eu me lembre dela depois. Caso contrário, nem por sonhos vou ter noção de quem se trata. Exemplo: Fulano de Tal, dia, mês e ano; o cabeludo de gravata roxa que derrubou café na mesa.

SEM CAFONICE

O que não colocar no seu cartão:

1 Não use apelidos engraçadinhos como identificação: Luis Torres (o Bolinha).

2 Coloque o nome pelo qual prefere ser chamado entre parênteses: Marta Luciana (Malu) Salgado.

3 Não rasure o cartão. Se mudar de nome ou de endereço, faça outro.

4 Esqueça a ideia de colocar sua fotografia. É um pouco cafona.

5 Não deixe que ele fique amassado ou sujo.

CARTÃO PESSOAL. PRECISA?

O cartão profissional é obrigatório. Esquecê-lo, ou vir com a desculpa de que acabou, passa a impressão de desorganização e desatualização. Já o cartão pessoal (antigo cartão de visitas) é opcional e não tem fórmula certa.

    Você sempre pode usar os modelos em branco que as lojas e floriculturas oferecem, mas é mais chique enviar um presente acompanhado de um cartão pessoal.

Até pouco tempo atrás, esses cartões vinham somente com o nome da pessoa, ou de um casal. Hoje em dia é desejável que contenha também o e-mail; é uma forma de poder responder, sem ter que ficar tentando localizar o remetente.

Algumas/ alguns jovens modernas(os) substituíram os cartões pessoais ou do casal por aplicativos. É por meio deles que agradecem um jantar, uma festa, um presente ou um convite. A troca de posts e mensagens estabelece um relacionamento simpático que se prolonga nos dias seguintes com comentários sobre a festa, fotos, filminhos e outras brincadeiras. A pesquisadora audiovisual Mariana Pimenta Cama não tem cartão pessoal. "Nunca recebi nem mandei flores com cartão para agradecer um jantar", ela comenta. "Faço tudo pela internet."

Soube outro dia, pelo Facebook, da morte da mãe de uma conhecida. A postagem foi feita segundos depois do acontecimento. Imediatamente muitas mensagens de pêsames chegaram a ela, inclusive a minha. Foi quando me dei conta do quanto a internet substituiu pra valer certos rituais, como o envio de cartões, de telegramas e até mesmo telefonemas e encontros pessoais.

REUNIÕES. DEIXAR DE PREPARAR É PREPARAR PARA FALHAR

Por menor que seja a empresa, não se escapa de reuniões, ainda que entre duas pessoas.

Reunião profissional mal organizada é pura perda de tempo. E, para que funcione, é preciso ter horário para começar e para acabar, seja ela de longa ou de curta duração. O ideal é que o assunto a ser tratado seja estabelecido de antemão e a pauta, já definida e combinada, enviada com antecedência por e-mail para todas(os) as(os) participantes, caso a empresa tenha mais pessoas envolvidas ou convidadas(os) de fora.

Também não há necessidade de ser tão preciosistas quanto as(os) japonesas/ japoneses, que, quando querem mostrar que têm em alta conta as(os) parceiras(os) de negócios, se postam do lado de fora da porta da sala para entrarem todas(os) juntas(os).

Reunião eficiente tem que ser preparada. Nós, brasileiras(os), confiamos demais no "na hora eu me viro e resolvo". Nem sempre o jeitinho resolve; é bom não esquecer um ditado norte-americano que diz: "*Failing to prepare, preparing to fail*" [Deixar de preparar é preparar para falhar].

É ótimo ter jogo de cintura, somos mestres nisso, e é difícil nos enfrentar quando somamos essa vantagem a uma boa estudada nos temas de uma reunião. Jogo de cintura tem que ser encarado como um *plus*, e não como um substituto do preparo de qualquer atividade profissional.

Se couber a você organizar o local da reunião, arrume a mesa, providencie papéis e lápis apontados, mesmo que tablets também sejam usados para anotações, ponha seu celular no modo silencioso e não fique fitando a telinha durante o encontro. Cheque suas mensagens nos intervalos para um café ou na pausa do almoço.

INTERVALINHO

Avise aos gringos Como se sabe, não somos famosos nem pela pontualidade nem pela formalidade. No Brasil, uma reunião marcada para as nove horas pode atrasar uns dez minutos, até todos chegarem, depois mais alguns minutos para que todos comentem o futebol da véspera, falem dos acontecimentos políticos e econômicos do dia, para aí, então, começarem a tratar do assunto da pauta.

Maria Claudia Guimarães costuma dar **três** conselhos divertidos às(aos) executivas(os) americanas(os) que vêm participar de uma reunião no Brasil:

1 Cheguem atrasados de dez a quinze minutos para não ficar esperando.

2 Não tomem o atraso dos brasileiros como falta de consideração ou educação. É um hábito.

3 Preparem-se para uns quinze minutos de conversa sobre amenidades, como o tempo, o trânsito, as últimas notícias, antes de ir direto ao ponto da reunião.

Não raro, duas/ dois brasileiras(os) falam alto e ao mesmo tempo ou interrompem a fala da(o) outra(o), o que deixa algumas/ alguns estrangeiras(os) aflitas(os) e desconcertadas(os). A tática das(os) japonesas/ japoneses nessas horas de empolgação é baixar completamente o tom da voz para que todos se calem para ouvir. Elas/ eles falam pouco, baixo, uma/ um de cada vez, e todo mundo presta atenção.

Se você estiver nos Estados Unidos, a conversinha que precede a reunião propriamente dita depois que todos se sentam é breve. Se estiver na Alemanha, mais breve ainda; idem em Israel. O hábito de grande parte dos países ocidentais é entrar direto no assunto.

No final da reunião, uma pequena ata mandada por e-mail pode lembrar todas(os) as(os) que participaram da reunião do que foi dito, decidido e as providências que devem ser tomadas.

INTERVALINHO NADA AGRADÁVEL

"**Você está demitida(o)**" Quem disse essa frase olhando em seus olhos não foi nem Donald Trump, nem Roberto Justus — foi sua/ seu chefe mesmo. Dos reality shows para a triste realidade, esse raio pode cair em qualquer cabeça, a qualquer momento. Basta estar empregada(o). Faz parte do jogo, e você tem que saber enfrentar essa dificílima situação.

Não conheço ninguém que não tenha uma/ um parente, amiga(o) ou conhecida(o) nessa situação global, independentemente de idade, gênero ou profissão. Como lidar com ela?

Aqui, alguns toques para quem está enfrentando essa prova.

1 Não se envergonhe. Demissão não é prova de incompetência sua. É, sim, resultado da incompetência de um sistema político e econômico em curso no mundo inteiro. Você está cheia(o) de colegas internacionais no mesmo barco.

2 Conte imediatamente para a turma de casa, para que elas/ eles reajustem seus gastos em função de uma nova realidade.

3 Conte logo em seguida para as(os) próximas(os): colegas de trabalho, parentes e amigas(os) reais e virtuais.

Essa rede pode ajudá-la(o) a achar um novo trabalho ou a dar uma força enquanto a situação durar.

4 Boa hora para uma nova agenda que inclua exercícios físicos. Imponha-se uma rotina bem severa de ginástica. Dê uma atenção ao corpinho que a cabeça vai agradecer.

5 Faça cursos — de qualquer coisa. Mantenha o ânimo ocupando-se de assuntos relativos ao trabalho ou então aprenda alguma coisa nova (cozinhar, aperfeiçoar o inglês, entender o mercado financeiro...). Cultura geral conta no currículo.

6 Faça um currículo novo mencionando os cursos e seminários que fez e jogue na rede.

7 Use as redes sociais para contatos. Não seria essa uma boa hora para abrir um negócio que você e uma/ um de suas/ seus amigas(os) sempre quiseram tentar?

8 Crie uma rotina e faça a maior força para não se afastar dela. Coloque um horário para acordar, fazer ginástica, ficar na internet, ter aulas de inglês, ver TV e bater perna. O risco de deixar o tempo frouxo é se sentir inútil, desconectada(o); é bem nessa hora que o diabo aparece com doenças imaginárias ou com bebida e outras besteiras que só ajudam a afundar o ânimo.

9 Não se deixe manipular pela família, que, sem perceber, pode começar a pedir que você faça coisas nada a ver, "já que está com tempo". Se você tiver uma rotina organizada, ninguém vai achar que está à toa.

10 Prevenir é sempre melhor do que remediar. Crie o hábito de ler muito bem qualquer contrato antes de assinar, seja de locação ou de trabalho, para que numa hora dessas você tenha menos amolações, do tipo pagar multa para sair de um apartamento se decidir mudar para um mais barato.

11 Se estiver morando fora do país por conta de trabalho e for demitida(o), veja se seu contrato prevê uma indenização pelo transtorno (colégio dos filhos, mudança, distrato de locação de moradia...).

12 Mas... ninguém é de ferro: por isso, separe quinze minutos por dia para ficar deprimida(o) e se sentir uma vítima do destino. É inevitável que o desânimo ronde o espetáculo. Passados os quinze minutos, expulse essa visita mala da sua cabeça e vá à luta.

7

PAPO DIGITAL E OUTRAS CONVERSAS (DISCUTINDO AS RELAÇÕES)

CELULAR: SUA PRÓTESE DIGITAL

E-mails, redes sociais e aplicativos de toda ordem estão substituindo cada vez mais os telefonemas. Isso é bom. Há uma variação de tons e de graus de formalidade nesses veículos que correspondem a diferentes camadas de urgência e intimidade. O engraçado é que o telefonema propriamente dito, que é um veículo próximo e direto — é por meio dele que se ouve diretamente a voz do interlocutor —, está ficando mais cerimonioso com o passar do tempo. As pessoas já passam mensagens antes de ligar para saber se não vão incomodar. Outro dia, um jornalista me perguntou se eu não achava cafona chamar alguém ao telefone!

O caso é que celulares e seus múltiplos usos fazem hoje parte da nossa vida, embora ainda nos causem dúvidas sobre a melhor maneira de utilizá-los. Quem já não viu pessoas que, mal se acomodam numa mesa (de trabalho ou de refeição), sacam seus smartphones, entrando em um mundo paralelo e ignorando totalmente quem está à sua frente?

Sempre que vejo duas pessoas sentadas frente a frente com os olhos baixos, fixos em seus smartphones, lembro de uma história contada pela fotógrafa Claudia Jaguaribe na volta de uma viagem ao arquipélago de Galápagos, onde foi registrar os répteis e as aves de uma das ilhas. No primeiro dia o trabalho correu bem, mas a partir daí ela começou a sentir certo mal-estar, uma estranheza desagradável na presença dos animais, até que descobriu a causa: a falta de *"eye contact"* com eles. Nenhum desses bichos olha as pessoas nos olhos, o que, segundo

Claudia, "vai deixando a gente numa pavorosa condição de solidão". Humanos, como se sabe, se ressentem desse não contato, sem o qual a comunicação também não acontece.

Assim, é importante lembrar que celulares devem ser postos no modo avião ou no silencioso assim que suas/ seus proprietárias(os)/ dependentes/ escravas(os) entrem em restaurantes, reuniões de trabalho, entrevistas de emprego, palestras, aulas, igrejas, concertos...

O concertista Fábio Zanon, violonista internacional, explica que barulhos altos, como tosses prolongadas, acessos de espirro e, ultimamente, celulares, atrapalham e desconcentram, sim, uma/ um artista. E conta que o violonista Andrés Segovia não tinha dúvidas em parar um concerto sempre que uma tosse o incomodava. Certa vez, chegou a tirar um lenço do bolso e agitá-lo em direção ao tossidor, que saiu da sala morto de constrangimento. Imaginem se fosse o toque de um celular, como aconteceu com o maestro Alan Gilbert. Em setembro de 2011, ele regia a Filarmônica de Nova York no Avery Fisher Hall do Lincoln Center quando o celular de um espectador tocou. O maestro não hesitou nem um segundo: interrompeu o concerto pela primeira vez na história do teatro e esperou o infeliz desligar o aparelho. Dá para imaginar o mal-estar geral?

E não é só o som do celular que incomoda quem está no palco ou mesmo na plateia — a luz do aparelho também é um estorvo. Quantas vezes no cinema tive minha atenção desviada pela telinha acesa de um aparelho vibrando e acusando na bolsa uma chamada de uma/ um vizinha(o) sem noção?

A primeira chamada oficial de um telefone móvel se deu em 1973, embora ele tenha se tornado popular pra valer só no final dos anos 1990. Parece incrível que até hoje as pessoas não saibam como usá-lo direito. Aqui vão algumas regrinhas já mais do que estabelecidas para utilizá-lo bem:

1 Não fale alto. A tecnologia assegura que a pessoa do outro lado ouça perfeitamente, sem que haja necessidade de você gritar e invadir o espaço sonoro de quem está perto de você.

2 Em ligações de negócios, seja objetiva(o) e não estique a conversa. Não repita três ou quatro vezes a mesma coisa.

3 Ao ligar, pergunte se a pessoa está disponível para falar. Se ela disser que não, combine outro horário e desligue. É muito irritante você dizer que está ocupada(o), a pessoa ignorar sob o pretexto de que "é rapidinho" e continuar falando.

4 Em reuniões, coloque seu celular no silencioso e olhe para a pessoa que está à sua frente. Ficar de olhos baixos checando seus recados dá a impressão de que você não está ouvindo nem prestando atenção no seu interlocutor.

5 Caiu a ligação? Quem ligou é que deve chamar de novo.

6 Se for usar o viva-voz, avise seu interlocutor. Mas não use o viva-voz em locais públicos.

O BOM E VELHO E-MAIL

O e-mail ainda é o veículo preferido do cotidiano corporativo. É uma comunicação rápida e fácil, mas nem por isso íntima. Tem a vantagem (ou a desvantagem) de ir formando o histórico das correspondências e dos negócios tratados.

Assim como o celular, já tem suas regrinhas de uso estabelecidas:

1 E-mails devem ser respondidos na hora. Caso o assunto tratado exija mais reflexão e tempo, avise que recebeu a mensagem e que mandará uma resposta assim que possível.

2 Não escreva romances; ninguém tem paciência de ler e-mails longos e prolixos.

3 Em correspondência corporativa, o tom pode ser formal sem ser rude. Palavras têm que ser muito bem escolhidas para não ofender quem vai ler. Tudo fica mais dramático num e-mail.

4 Quem recebe uma proposta de trabalho, um projeto, um orçamento, deve responder logo. Melhor dizer "não" do que deixar a pessoa sem retorno. Libere a criatura!

5 Não cobre resposta meia hora depois de ter mandado um e-mail.

6 Quando receber um e-mail com cópia aberta para muita gente, só clique em "responder a todos" se for realmente o caso.

7 Se receber um e-mail que não é para você (tipo os exames da mãe do seu vizinho de mesa), devolva explicando que foi para a pessoa errada. Tente fazer uma gracinha simpática, pois a pessoa vai morrer de vergonha.

8 E-mails têm que ser bem escritos. Gramática observada, vírgulas bem colocadas e, no máximo, um ponto de exclamação no final da frase.

9 Como terminar um e-mail mais formal? Com Abraços (Abs), Atenciosamente (Att.), No aguardo de suas observações. Beijos (Bjs) só para os mais próximos.

10 Não abrevie nomes se não for alguém com quem você tenha proximidade. Nada de chamar a Luciana de Lu, a Adriana de Dri no primeiro e-mail que mandar a elas.

11 Não há mais a menor hipótese de um e-mail não chegar a seu destino; a tecnologia já resolveu esse assunto há uns dez anos. Não invente que não recebeu, porque a desculpa não faz mais sentido.

12 Não entulhe a caixa postal alheia com anexos muito pesados. Aproveite os sites que sobem temporariamente seus arquivos na nuvem e mande apenas o link.

INTERVALINHO

O direito de se desconectar Na França, uma lei sugere que empresas com mais de cinquenta empregados evitem mandar e-mails de teor profissional fora do horário de trabalho. Justificativa: "Os funcionários saem fisicamente do escritório, mas não saem do trabalho. Permanecem ligados por um tipo de coleira eletrônica — como um cachorro", diz Benoît Hamon, ex-ministro da Educação francês, referindo-se às mensagens de texto e aos e-mails que não param de chegar mesmo depois do expediente. A nova lei recomenda que as empresas respeitem o horário de folga de seus funcionários, especificamente no que diz respeito à tecnologia digital, ou seja, que deem aos trabalhadores franceses o direito de se desconectar.

SOZINHAS(OS) E MUITO BEM ACOMPANHADAS(OS). APLICATIVOS E REDES SOCIAIS

Cada vez mais vão aparecer ferramentas para possibilitar a comunicação rápida de pessoa para pessoa ou grupos de pessoas, com fotos, vozes, jogos, efeitos especiais. Impossível escapar de alguns deles, tal a proporção que tomaram na vida de todo mundo. Aqui é o lugar das comunicações mais pessoais e, mesmo que sejam usadas para o trabalho, são sempre menos formais.

Conheça bem seus mecanismos, para depois não se arrepender da exposição que proporcionam. Eduardo Viveiros, jornalista e especialista em web, adverte: "Não dá para levar na ingenuidade e achar que o mundo real não se comunica com o mundo das redes sociais. Por mais que não seja oficialmente declarado, toda(o) recrutadora/ recrutador vai, sim, jogar o nome da(o) candidata(o) no Google e dar uma senhora 'stalkeada', seja antes, seja depois da entrevista. Então, não basta ter um perfil organizado no LinkedIn ou um belo portfólio no Behance para abrir um bom caminho na carreira profissional. É preciso tomar certo cuidado com o comportamento on-line de maneira geral, com bobagens que podem acabar com sua moral no processo seletivo. Não é o caso de se podar na vida on-line — mas é bom cuidar para que os níveis de privacidade do perfil no Facebook, por exemplo, deixem suas fotos e postagens superpessoais abertas apenas para amigos e família. E não só por lá: contas abertas de Twitter e Tumblr, por exemplo, podem ser uma dor de cabeça para quem está se candidatando a cargos mais públicos. Principalmente aquelas contas que atravessaram a adolescência e estão repletas de opiniões que você não teria coragem de verbalizar hoje em dia, mas que podem (e serão) usadas contra você".

Assim, não se esqueça de que:

1 Ao participar de qualquer rede social, você está falando com o mundo.

2 Não há garantia de privacidade na rede nem quando você está se comunicando só com amigos íntimos ou familiares.

3 Qualquer foto, palavra ou opinião postada pode ter um efeito imediato e explosivo.

4 Tem clientes e colegas de trabalho adicionados nas redes sociais? Tome muito cuidado antes de transformar esse contato em um facilitador na comunicação. É muito possível que elas/ eles não queiram ter o Facebook invadido por mensagens de trabalho.

O que também modificou (e muito) os parâmetros de comunicação foi a popularização do WhatsApp — seguido de uma leva de aplicativos de troca de mensagens, de uso mais ou menos populares. Onipresentes, eles facilitaram as conversas pessoais e profissionais na web, mas também ajudaram a bagunçar todas as regras de etiqueta, ainda mais nos famigerados grupos.

Algumas pitadas de bom senso:

1 As regras de comunicação nos aplicativos tipo WhatsApp são as mesmas do e-mail: seja breve, escreva direito, não mande mil mensagens de uma vez.

2 Notou que a pessoa está on-line, mas não respondeu sua mensagem? Visualizou e ficou em silêncio? Não insista de imediato. Provavelmente ela tem um ótimo motivo para a demora. A mensagem é instantânea, mas a resposta não tem que ser.

3 Atenção aos horários para não invadir o celular alheio fora do expediente. Diferentemente de um e-mail, que pode ser lido no dia seguinte, uma mensagem de WhatsApp vai pipocar na tela do destinatário.

4 Tem um grupo de trabalho? Eles são muito práticos, mas não abuse. Mantenha foco no assunto comum que diz respeito à maioria das pessoas. Não se dirija só a uma delas nem inicie uma conversinha paralela. Se o assunto interessa só a um contato, chame-o em uma janela privada, óbvio.

5 Colegas de trabalho puseram seu nome num grupo contra sua vontade? Mande um alô, dizendo que anda muito ocupada(o) e que não terá tempo de participar, agradeça e caia fora. Mas avalie se não é uma ideia da(o) sua/ seu coordenadora/ coordenador para facilitar a comunicação. Se for o caso, deixe de mau humor e adote a nova ferramenta.

6 Não quer receber nem se envolver com um grupo de amigos ou familiares? Não colabore, não leia, não pergunte nada, não responda. Eles vão acabar se esquecendo de você. O botão de "silenciar o grupo", nesse caso, é seu melhor amigo. Se acontecer uma emergência, acredite, você ficará sabendo.

7 A não ser que você trabalhe com memes e redes sociais, poupe seu grupo de trabalho de piadas, correntes, vídeos e montagens. Uma boa regra é: se a bobagem veio do grupo de família ou dos amigos da faculdade, por mais engraçada que seja, é lá que deve ficar.

8 Evite o assunto política, a menos que queira polêmicas para a vida inteira.

TÃO LONGE, TÃO PERTO. CONFERENCE CALLS E SKYPE

Poupam o tempo de todo mundo e, embora ainda não sejam tecnicamente perfeitos, tendem a ser cada vez mais usados, pois conseguem colocar na mesma conversa diretores de empresa de vários países, sem que eles tenham de se deslocar e perder dias de trabalho. Hoje em dia até defesas de teses de doutorado são feitas pelo Skype, na eventualidade de alguém não conseguir estar presente fisicamente na banca. Não é a mesma coisa, mas quebra um galho.

No caso das reuniões de trabalho, é bom tomar alguns cuidados:

1 Marcar com antecedência o horário da chamada (e respeitá-lo!) e enviar a pauta aos participantes.

2 Testar o equipamento antes.

3 Estar com toda a documentação da pauta em mãos.

4 Identificar-se a cada vez que fizer uma intervenção.

5 Se a reunião marcada for com estrangeiras(os), o ideal é ter uma/ um intérprete por perto.

INTÉRPRETES.
QUID PRO QUO (ISTO POR AQUILO)

É muito possível que logo, logo a tecnologia invente uma/ um intérprete digital, maravilhosa(o), que não erre nunca, que não demonstre emoções, que não favoreça lado nenhum. Até lá temos que nos contentar com pobres e falíveis humanas(os).

Falar a mesma língua não é absolutamente sinônimo de entendimento. Imaginem então a quantidade de equívocos que podem acontecer quando o idioma é diferente. A presença de uma/ um intérprete é uma segurança para qualquer encontro de equipes de trabalho de nacionalidades diversas. Mesmo que todo mundo fale inglês, nada como uma/ um tradutora/ tradutor oficial para assegurar para as duas partes que tudo o que foi dito vai ser perfeitamente compreendido e registrado.

Uma/ um intérprete oficial não é barata(o), mas o dinheiro gasto com elas/ eles é muito bem empregado. Poupa tempo, estresse e muito mal-entendido.

Ana Livia Araujo Esteves, consultora de relações internacionais, lembra alguns cuidados:

Não estranhe se o intérprete usar poucas (ou muitas) palavras para traduzir o que você acabou de dizer. São as diferenças entre idiomas mais ou menos sintéticos.

Nunca fale olhando para o intérprete, e sim para o chefe da delegação com quem você está tratando.

Não explique para o intérprete o que você está querendo dizer. Isso pode gerar mal-entendidos.

Na China, por exemplo, se a(o) chefe balançar a cabeça enquanto ouve a(o) intérprete, significa apenas que está prestando atenção. Nem por um minuto tome como aquiescência ao que está sendo dito. Elas/ eles cultivam o silêncio, o tempo para ponderar, meditar e compreender, antes de tomar uma decisão, explica Charles Tang, presidente da Câmara de Comércio e Indústria Brasil-China. Mas, por lá, independentemente da questão da língua, "negociantes" precisam de uma/ um intermediária(o), alguém que seja de confiança das(os)

chinesas/ chineses e que faça o meio de campo entre as duas partes. Essa pessoa é o *guanxi*, o equivalente à/ ao "QI", "quem indica" brasileira(o). São elas/ eles que abrem as portas e avalizam os possíveis negócios. "Assim que a China começou a se abrir para o Ocidente, os americanos que vinham a negócios não entendiam por que, mesmo com os melhores preços, não fechavam contratos. O que eles não sabiam era que faltava o *guanxi*. Na cultura chinesa, o relacionamento é mais importante que o preço", complementa Mr. Tang.

CONVERSAS E CONVERSINHAS

O modo como uma pessoa fala (e escreve) revela imediatamente seu grau de educação, embora hoje se admita, na correspondência eletrônica pessoal, uma escrita própria, totalmente informal, cheia de abreviações, gírias e palavras inventadas que, por milagre, todo mundo entende!

Falar errado a própria língua é, no mínimo, feio de ouvir. Tão ruim como escrever errado. Já acordei no meio da noite suando frio, passando vergonha, por ter me lembrado de algum erro de português escrito em um e-mail. E olha que eu tento caprichar!

Em compensação, ninguém é obrigado a falar impecavelmente uma língua estrangeira. Perdoam-se até mesmo errinhos de ortografia numa correspondência vinda de pessoas de outras nacionalidades. O impor-

tante, no caso, é se comunicar, se fazer entender. So-
taques e erros de pronúncia não fazem a menor diferença. Quantas(os) estrangeiras(os) você conhece que
moram no país, falam perfeitamente a língua e jamais
perderam o sotaque? Todo mundo tem boa vontade
com uma/ um estrangeira(o) que tenta falar algumas
palavras no idioma do país que está visitando.

Gente que tem o que dizer é bem-vinda em qualquer
lugar do mundo. Pessoas que sabem contar histórias,
que conhecem muito bem alguns assuntos (como arte,
tecnologia, ciência, viagens), deixam sempre boa impressão. Nada mais chato do que se sentar à mesa ao
lado de alguém que não abre a boca ou só responde
por monossílabos.

Andrea Chamma, consultora de desenvolvimento
estratégico, acha que faz parte do bom preparo de uma/
um profissional saber levar uma conversa social em um
jantar de negócios, especialmente com estrangeiras(os):
"Ela ou ele está naquela mesa representando a empresa",
diz. E sugere que se listem e preparem alguns temas de
small talk (conversinha) que sempre pegam bem: falar
do costume de vestir branco no Réveillon à beira-mar;
de música brasileira; do Carnaval, da gastronomia local...
Clichês usados na hora certa são uma mão na roda!

Há, porém, alguns temas que devem ser evitados
com a maioria das(os) estrangeiras(os), e mesmo entre
nós, para não causar constrangimentos: política, religião,
salários, ganhos e gastos, sexo e, hoje em dia, hábitos
alimentares. Sim, há amolação nova na lista: as(os) pa-
trulheiras(os) do prazer de comer, essa nova categoria
que costuma dar lições de cozinha saudável, investindo

contra gordura, glúten, carne e outras delícias bem na hora em que você está com uma delas no garfo.

E nunca esqueça: nada de perguntas espinhosas e íntimas, como a idade da pessoa, o preço da bolsa dela, se casou, se está casada com o mesmo marido, ou por que nunca casou, se tem filhos ou não, e por que não.

"Os indianos não falam sobre sexo e não contam piadas sobre sexo, nem entre homens", conta o hematopatologista dr. Fernando Pacheco Chaves, que mora em Nova York e é casado com uma indiana. E complementa: "Em compensação, não têm o menor pudor em relação ao dinheiro; invadem a sua intimidade para saber quanto você ganha, quanto gastou, quanto custou seu carro". Não é bem assim em outras culturas!

Gente ruim de papo:

As(os) que monopolizam a conversa e não deixam ninguém mais falar.

As(os) afetadas(os) — dizem que têm iate em vez de barco, mansão em vez de casa e citam todas as grifes das roupas que estão usando.

As(os) que só falam de si.

As(os) que usam termos estrangeiros o tempo todo.

As(os) que sempre têm um caso melhor para contar e interrompem quem está contando o seu.

As(os) que abusam dos palavrões.

As(os) que falam muito baixo. Ou muito alto.

As(os) que chegam muito perto e continuam avançando à medida que você recua.

As(os) que não terminam nunca a história.

As(os) que bebem e esquecem o que estão dizendo ou repetem a mesma história muitas vezes.

As(os) que cutucam ou dão tapas no seu braço quando falam.

VOZ. FALA BAIXO, SENÃO EU GRITO

Você já prestou atenção no seu tom de voz? Faça um teste: pegue um livro qualquer, grave a leitura de algumas frases, depois ouça num volume mais alto. Ou ouça os recados que manda para alguma(o) amiga(o) no celular. É um espanto! Parece que você está ouvindo uma voz vagamente conhecida, mas de outra pessoa. Aliás, diz a professora Deborah Feijó (fonoaudióloga especialista em voz e membro da The Voice Foundation, na Filadélfia, Estados Unidos) que 99% das pessoas não reconhece a própria voz quando a ouve gravada.

E mais: muitas vezes a pessoa que fala muito alto ou tem uma voz desagradável não percebe ou não vê nisso um problema. Não acha que está incomodando nem se dá conta de que pode se prejudicar profissionalmente por isso.

Deborah lembra que 50% das pessoas usam a voz para ganhar a vida: "E não são só radialistas, atores, jornalistas da televisão ou vendedores de telemarketing. Feirantes, padres, advogados, executivos, professores e balconistas têm na voz sua principal ferramenta de comunicação. Já vi muita gente perder oportunidades de trabalho por conta de voz fora do padrão". Ela lembra algumas dessas vozes irritantes:

1 Infantil e fina: não é levada a sério.

2 Instável: demonstra insegurança.

3 Metálica: expressa antipatia.

Problemática também é a voz monocórdia, de som mais grave, sem modulação, que leva à desatenção ou a um sono incontrolável.
O bom é saber que há solução para todos os casos. Basta a pessoa fazer exames na garganta, para localizar a origem do problema, que tanto pode ser físico como vir do mau uso das cordas vocais, e depois fazer uma série de exercícios de respiração, emissão de voz e movimentos das cordas, assim os transtornos serão corrigidos.
Nós, brasileiras(os), ou latinas(os), em geral, falamos e rimos alto demais. Eckhart Pohl, diretor de comunicação da Câmara de Comércio e Indústria Brasil-Alemanha, conta que recebeu a visita de sua mãe, que é

alemã, e foi viajar com ela e algumas/ alguns amigas(os) brasileiras(os). "No início ela gostou deles, achou todos muito alegres. Depois de dois dias, muito sem graça, veio dizer que preferia voltar para casa senão estaria surda até o final da viagem." Até para brasileiras(os) o barulho pode incomodar. De volta ao Brasil depois de passar anos em Zurique, Luciano Timm, diretor de relações acadêmicas e institucionais da Education First, teve que usar protetor de ouvido para aguentar a altura das falas e das risadas das(os) compatriotas em seus primeiros dias de escritório.

Isabel Setti, professora de interpretação e de impostação de voz na Escola de Arte Dramática da USP, lembra que Margaret Thatcher, ex-primeira-ministra do Reino Unido, tinha uma voz alta e insuportável, como foi retratado no filme *A Dama de Ferro*, com Meryl Streep. "O problema foi 'consertado' com aulas de voz."

A metodologia de ensino atual busca flexibilidade e convicção, o que não tem nada a ver com a impostação do teatro clássico. A proposta é que, com exercícios e respiração, a pessoa aprenda a modular o timbre de sua voz, para se expressar com clareza e de modo agradável.

Se você já levou algum toque por conta da altura da sua voz, se todo mundo olha para você no escritório, no cinema, no restaurante ou em qualquer lugar quando você fala, faça o teste do gravador e dê um jeito de melhorar o modo como se comunica com o mundo.

CONVERSA MOLE
E OUTRAS AMOLAÇÕES

Bullying é uma prática repulsiva. Volta e meia se ouvem histórias de crianças que sofrem com esse tipo de violência desde os primeiros anos de escola. São atormentadas por colegas porque são gorduchas, por não serem do mesmo padrão estético do grupinho de assediadores, terem menos poder econômico, seguirem uma religião diferente...

Infelizmente, essa amolação pode continuar a acontecer também com adultos no trabalho: são as conhecidas conversas moles, as ironias maldosas ou mesmo o assédio, moral ou sexual, praticados por pessoas que se valem de seu poder e autoridade para humilhar, desrespeitar ou explorar quem delas depende.

Tomara que você não se veja nunca numa situação dessas, mas, se por acaso sentir um desconforto qualquer do tipo, fique alerta, prepare-se para as consequências e tome algumas providências.

1 Nunca fique sozinha(o) perto da pessoa que está de marcação com você, seja lá para o que for.

2 Peça para alguma/ algum colega testemunhar as cenas de chacota ou pressão.

3 Arrume provas concretas (fotos, postagens, gravações...). Se não as tiver, nem adianta reclamar.

145

4 Não fique comentando e se lamentando com familiares ou amigos. Fale com quem pode resolver, ou seja, com a chefia ou com o pessoal do RH.

5 Se a(o) engraçadinha(o) ou a(o) assediadora/ assediador for a(o) própria(o) chefe, faça sua queixa na delegacia, sempre munida(o) de provas irrefutáveis. Se não as tiver, mude de emprego.

8

COSTUMES. ACOSTUME-SE! BRASILEIRICES

Duvido que haja uma/ um única(o) brasileira(o) que não se reconheça em pelo menos três dos tópicos descritos neste capítulo. Quem de nós escapa de ser beijoqueira(o), ou reativa(o) ao ouvir a palavra "não", ou sem noção de pontualidade, ou ainda — delícia das delícias — louca(o) por um bom banho?

Tudo muito bom, muito simpático, mas uma leve dose de desconfiômetro pode refrear um pouco alguns desses excessos e fazer de nós cidadãs/ cidadãos mais fáceis de serem entendidas(os), mais tolerantes com os costumes alheios e ainda mais apreciadas(os).

POR AQUI, BEIJAMOS. INFORMALIDADE

Sabemos perfeitamente que a(o) brasileira(o) é informal. Não por falta de cultura, mas justamente por ter uma cultura muito particular, que dá espaço à emoção, aos afetos, à liberdade, à curiosidade, ao descompromisso, características que têm seu lado simpático, mas que nos fazem, às vezes, exagerar na dose e escorregar para o campo da "folga".

Um conhecido jornalista brasileiro foi jantar na casa de um correspondente espanhol. Em uma visita ao banheiro, não teve dúvidas: abriu com a maior sem-cerimônia o armarinho em cima da pia "para ver se tinha um colírio". Achou um frasco e pingou algumas gotas no olho. Segundos depois, um ardor insuportável começou a queimar seu globo ocular e ele teve que ser levado às pressas a um pronto-socorro. O líquido do frasquinho tinha sido preenchido pelo dono da casa por um produto ácido, próprio para micoses. Não fosse o folgado brasileiro ir fuçar armarinhos privados, o desastre não teria acontecido.

Informalidade pode desnortear estrangeiras(os) acostumadas(os) com uma cultura mais rígida sobretudo na hora das negociações, relata a mestre em relações internacionais Mariana Barros. Serem tocadas(os), beijadas(os) e chamadas(os) de queridas(os) não as(os) deixa mais à vontade, como podemos imaginar por aqui. Ao contrário, essa mistura de negociação com emoção chega a ser estressante para quem vem trabalhar no Brasil e não consegue ler os códigos desse comportamento, que para nós é tão normal.

Tome o caso do beijo. Por aqui, beijamos. Homens e mulheres, ao ser apresentadas(os), se beijam imediatamente, embora haja uma sutil etiqueta nesse ritual, que vale tanto para a vida pessoal como para a profissional. É sempre a mulher ou um superior hierárquico, a figura mais importante, quem deve indicar o tipo de cumprimento. Se ela fizer apenas um aceno com a cabeça ou se estender a mão, é porque não quer ir além.

Arthur Nestrovski, diretor artístico da Osesp, recebe artistas do mundo inteiro que vêm se apresentar na cidade. Ele sabe que beijos não fazem parte da partitura de todas as culturas, por isso recebe as cantoras e as grandes intérpretes calorosamente, mas evita esse contato considerado íntimo para muitas. No segundo dia, invariavelmente, são elas que o beijam porque percebem nosso costume.

A jornalista Leila Sterenberg conta que um dos primeiros trabalhos que fez em Nova York, quando começou sua carreira, foi entrevistar um grupo da comunidade de música negra religiosa numa igreja do Harlem. Ao ser apresentada aos garotos do coral, ela não teve dúvidas e foi de um em um dando dois carioquíssimos beijinhos em cada bochecha, para grande espanto dos jovens cantores de gospel.

Há culturas em que não se beija nem se encosta em pessoas do sexo oposto, como é o caso de quase todos os países de religião muçulmana.

Nosso ex-embaixador Marcos Azambuja foi chamado a chefiar a delegação do Brasil numa Conferência Mundial da Pesca, em Roma (um embaixador tem funções insuspeitadas!). Visando a uma confraternização, ele e sua mulher convidaram todos os participantes para uma pequena recepção na embaixada. A delegação iraniana era chefiada por um aiatolá dos mais severos, que não toca em mulheres, nem para cumprimentar. Ao se aproximar da embaixatriz, o aiatolá recuou um passo, inclinou a cabeça e levou as mãos ao coração, gestos que foram entendidos por ela como sinal de que ele estava passando mal! Na maior solidariedade, ela estendeu os braços para amparar o aiatolá, que, apavorado, saiu em pânico da sala. O pior pesadelo de um religioso havia acontecido: a maldição de ter sido tocado por uma impura!

Na Rússia é comum homens se beijarem no rosto uma ou duas vezes. Não há, no entanto, nenhum motivo para nossos bravos executivos ficarem nervosos se forem a um encontro de negócios com os beijoqueiros soviéticos, porque eles sabem que o costume não é universal e, portanto, não vão beijar ninguém de fora.

São muitos os lugares em que manifestações públicas de proximidade e afeto não são bem-vistas. E não pense que são apenas em países muçulmanos ou asiáticos, como Cingapura ou Malásia, onde um singelo abraço é considerado uma afronta. Curiosamente, em Sydney, capital da Austrália, o beijo entre namorados é visto com restrições, assim como em Portugal o abraço não é costumeiro, segundo conta Daniela Guiomar, diretora-geral da Câmara Portuguesa. Por lá, as manifestações entusiasmadas de afeto devem ficar restritas às quatro paredes da casa.

Portanto, antes de sair estalando beijos mundo afora, olhe em volta e faça como as(os) locais.

DETESTO OUVIR (OU DIZER) "NÃO"

Outra característica das(os) brasileiras(os) é a dificuldade para ser direta(o), dizer "não", falar o que acham que a(o) interlocutora/ interlocutor não quer ouvir. Pomos, sempre, muitos panos quentes se temos que fazer um julgamento negativo sobre o desempenho de alguém; fugimos de confrontos como o diabo da cruz e detestamos ouvir críticas, mesmo as relativas ao trabalho, pois levamos tudo para o lado pessoal. Brasileiras(os) se sentem pessoalmente ofendidas(os), como se tivessem sido agredidas(os), quando têm um projeto mal avaliado ou recusado. A jornalista Marjorie Rodrigues, que mora e trabalha na Holanda desde 2012, conta que seu chefe deu a ela uma nota negativa em sua avaliação anual, "porque eu deveria ser mais assertiva ao criticá-lo!".

No Japão, a pessoa que ouve a crítica de uma/ um superiora/ superior hierárquica(o), ainda que ela/ ele seja mais nova(o), vai se sentir muito agradecida, porque isso significa que a(o) chefe aposta na capacidade dela e acha que merece investir na sua formação. Lá as críticas são encaradas como uma oportunidade de melhorar o desempenho. Em nenhum momento as(os) japonesas/ japoneses se sentem rejeitadas(os) ou diminuídas(os) ao ouvi-las.

Mulheres sofrem mais com os "nãos" e têm dificuldade ainda maior para ouvir críticas. Meninas são criadas para agradar, para ser "as princesinhas lindas do papai". Quando deparam com uma rejeição, seja no campo pessoal, seja na esfera do trabalho, desabam. Por isso, normalmente se dão mal em cargos muito competitivos, onde se exige um pouco de pele grossa.

A jornalista Mônica Waldvogel acha que o problema se resolveria se as meninas jogassem mais futebol. "Num campo, os meninos aprendem a atacar, a se defender, a ganhar e a perder, a cair, a se levantar, a obedecer às regras e a driblar. Em resumo: aprendem a lidar com a realidade da vida."

Mônica lembra uma história contada por um amigo: "Umas meninas queriam jogar no campo do Chico Buarque. Tanto fizeram que ele acabou topando e emprestando o local. Ao contrário dos homens, que distribuem pernadas durante a partida e depois saem juntos para tomar um chope, um dos times femininos tocou fogo no vestiário, inconformado com algo acontecido durante o jogo!".

No entanto, quando endurecem, as mulheres são muitas vezes criticadas e mal consideradas, haja vista o caso da ex-candidata à presidência dos Estados Unidos, Hillary Clinton, que teve, entre outros motivos de rejeição, o fato de ser ambiciosa e, portanto, antipática! Difícil para nós esse equilíbrio entre o desejo de agradar e o de ser firme, não é?

Mariana Barros conta que o Brasil é um dos países de maior dificuldade de internacionalização para as(os) estrangeiras(os), porque não gostamos de desagradar, nem em coisas banais: "Dizemos que estamos chegando, quando estamos saindo. É, de novo, o complexo de vira-lata a que se referia Nelson Rodrigues. Como todo país colonizado, temos um ego frágil; não temos muita clareza da nossa identidade e dos nossos valores. Por isso não gostamos de confrontos", diz ela.

Executivas(os) estrangeiras(os) costumam se enganar com a falta de negativas ou de demonstração de divergência, o que, para elas/ eles, significa que estão todas(os) de acordo com o assunto tratado. Nada disso. Quem vier ao Brasil esperando resolver um assunto importante numa mesa de reunião, pode ficar frustrada(o).

Dizem as(os) estrangeiras(os) que a coisa mais desestabilizante depois de uma reunião com brasileiras(os), onde tudo pareceu transcorrer bem, é eles saírem achando que fecharam o negócio e depois ficarem perdidas(os) por não conseguirem mais nem falar ao telefone com as(os) executivas(os) locais. Sem falar nas desculpas que recebem: fulana(o) não está, viajou, está no hospital, a mãe morreu...

As(Os) chinesas/ chineses podem ser consideradas(os) a versão oriental da(o) brasileira(o). São receptivas(os) nos encontros, dando a impressão de interesse no negócio, mas isso nem sempre corresponde à realidade. "Todo semestre acontece em Cantão uma enorme feira de negócios, e levamos de 150 a 250 empresários brasileiros para a China. Os brasileiros enchem seus bolsos de catálogos e cartões. De volta ao Brasil, começam a mandar e-mails para as empresas e nunca recebem retorno", revela Charles Tang.

CADA POVO, CADA POVO

Há povos de comunicação direta e outros de comunicação complexa — nosso caso. Cada um com suas sutilezas. As(os) japonesas/ japoneses, por exemplo, têm maneiras de se comunicar muito distantes das nossas, como exemplifica a empresária Chieko Aoki: "Meu marido me levou a um encontro em que seria discutida a renovação para o ano seguinte de uma parceria que ele tinha com um grande empresário japonês. A conversa foi demorada, e nada de se falar no novo contrato. Nem na saída, quando fomos acompanhados até a porta pelo anfitrião, se tocou no caso. No carro, perguntei a meu marido se ele tinha ficado desapontado por não ter conseguido resolver o assunto. 'Como não?', ele respondeu, surpreso. 'Você não o ouviu comentar que no ano que vem iríamos ver juntos as cerejeiras em flor? Isso significa que estaremos lado a lado nesta mesma época do ano e que, portanto, o contrato continua de pé."'

Em compensação, na Rússia, existe o hábito de beber para selar uma negociação ou um acordo. A vodca está sempre por perto, não importa a hora do dia. "Ao chegar à Ucrânia", conta Andrea di Pace, "meu marido, por dever de ofício, foi conhecer de perto os produtores rurais em suas fazendas. Ao chegar, o ritual era sempre o mesmo: mesa posta com toda a comilança do *fourchette* (salaminhos, salsichão, lombinho, pepinos em conserva, pão preto) e vodca. Tanto fazia a hora, oito da manhã ou cinco da tarde; para demonstrar hospitalidade é preciso oferecer comida e álcool. É assim que eles recebem um fornecedor importante, uma autoridade, um chefe vindo da matriz local ou do exterior, um cliente fiel. Recusar, nem pensar. Mais do que desfeita, é falta de educação." As(Os) convidadas(os) podem se servir livremente, mas, por gentileza e respeito, devem fazer um brinde depois de se servir de vodca. A boa etiqueta manda que todas(os) brindem; ainda melhor se a bebida depois for tomada de um gole só. Dá para imaginar a que ponto de embriaguez se pode chegar em qualquer festinha ou almoço de negócios? Para as(os) eslavas(os), ficar bêbada(o) nessas ocasiões não é nenhum problema!

Já as(os) alemãs/ alemães, assim como as(os) holandesas/ holandeses, as(os) americanas(os) e as(os) israelenses, têm uma maneira quase cruel de expor o que pensam: raramente medem as palavras e vão sempre direto ao assunto. Resumindo: falam o que pensam e não o que acham que você quer ouvir. Seria, segundo elas/ eles, a maneira mais objetiva de tratar de negócios e economizar tempo.

"O israelense", conta Lucia Barnea, ex-consulesa de Israel em São Paulo, "não entende as nuances, as meias palavras dos brasileiros. Como são diretos e assertivos, ficam perdidos quando os brasileiros 'desaparecem' depois de ter mostrado interesse pelo negócio que estavam tratando."

Em alguns países árabes e africanos, a confiança no outro é fundamental, daí o *small talk* precedendo um encontro de negócios, que pode demorar dias, às vezes semanas, até que as(os) negociadoras/ negociadores conquistem a confiança das(os) anfitriãs/ anfitriões. Mas, uma vez conquistada, elas/ eles não voltam atrás.

A brasileira Andréa Arakaki, *country manager* da Education First, era assistente de um poderoso xeique em Abu Dhabi. Uma de suas grandes dificuldades era acalmar as(os) executivas(os) estrangeiras(os) que iam fazer negócios com o xeique, pois ele não marcava hora nem dia para o encontro. As(os) negociantes, que vinham de todos os cantos do mundo para tratar com ele, ficavam na cidade à disposição da agenda do anfitrião até o momento em que ele estivesse livre para recebê-las(os). Seu método era instalar vários grupos de empresárias(os) nos saguões dos grandes hotéis da cidade, onde eram servidos das melhores comidas e bebidas, enquanto ele circulava, tratando dos assuntos de cada um, que tanto podia ser a compra de um time de futebol, uma associação para a construção de um polo de petróleo, como um investimento com algum governo estrangeiro. Quem quisesse trabalhar com ele tinha que se submeter a esse sistema, e a função de Andréa era fazer com que entendessem a extravagância como um hábito, e não como um ato de humilhação. As(Os) ocidentais, é claro, tinham a maior dificuldade em aceitar a ideia.

NEM AÍ PRA PONTUALIDADE

Alguns dias antes da Olimpíada de 2016, no Rio de Janeiro, entrevistei uma jovem turista norueguesa para saber o que ela estava achando dos homens brasileiros e em que eles se diferenciavam dos europeus. Muito simpática, ela fez vários elogios aos nossos rapazes, mas terminou dizendo: "A grande diferença é que no Brasil as pessoas usam o relógio como acessório. Ninguém o leva a sério!".

É verdade. Temos, sim, um modo próprio de lidar com a pontualidade, que estrangeiras(os) demoram a entender e que no mundo corporativo pode ser um balde de água fria, abalando a confiança na nossa seriedade.

Para nós é normal chegar a um encontro depois do horário marcado. No caso de festas ou grandes jantares, é totalmente aceitável atrasar meia hora (e até mesmo mais).

O alemão Eckhart Pohl ama o Brasil, está aqui há 25 anos, tem filhos nascidos no país e fala perfeitamente o português. Há, no entanto, uma coisa com a qual não se acostuma, não entende e não aceita: a falta de pontualidade das(os) brasileiras(os). Segundo ele, "chegar no horário numa festa no Brasil é quase uma ofensa! Você convida para as sete horas da noite e as pessoas começam a chegar às nove. Já os alemães vão chegar às 18h45 e às sete vão tocar a campainha e entrar em fila".

Se nos momentos de lazer o descaso com o relógio já incomoda, no trabalho é um desastre! Chieko Aoki, a presidente da Blue Tree Hotels, concorda: "No Japão, chegar dez minutos atrasado é o melhor modo de ser olhado como um profissional de segunda linha".

Nos encontros profissionais, as(os) brasileiras(os) costumam ser mais cuidadosas(os), embora ninguém considere uma ofensa chegar a uma reunião com dez ou quinze minutos de atraso.

Há alguns anos, a grife Calvin Klein convidou um grupo de jornalistas de moda para ir a Nova York assistir ao lançamento de uma coleção. O único compromisso importante seria um desfile marcado para começar às duas horas da tarde. Uma das jornalistas mais conhecidas do Brasil não estava lá no horário estipulado. A equipe de Mr. Klein esperou cinco minutos e fechou as portas. Quando ela chegou, vinte minutos atrasada, ficou do lado de fora. Uma gafe imperdoável. No Brasil, já houve o costume de só começar os desfiles das semanas de moda depois que todas as estrelas da imprensa tivessem chegado. Essa falta de profissionalismo, felizmente, já não acontece mais.

A editora chefe do site BuzzFeed, site que trabalha com as listas mais divertidas (e mais úteis e informativas) de tudo o que se possa imaginar, Erin Chack, muito bem-humorada, comenta que, se organizasse uma festa e ninguém chegasse até duas horas depois, provavelmente choraria e sairia de casa para encher a cara num bar. Eu também! Compreendo perfeitamente Ms. Chack. O assunto pontualidade é um prato cheio (eu deveria dizer vazio) na etiqueta brasileira; ninguém o respeita.

Mas o Brasil não está sozinho quando o assunto é pontualidade. Em Portugal, segundo Daniela Guiomar, diretora da Câmara Portuguesa, chegar meia hora atrasada(o) em um evento social é considerado chique.

O economista Paulo Hegg, que está implantando uma importante parceria no setor de agronegócio com o Sudão (país do norte da África que vem recebendo pesados investimentos brasileiros), conta que as(os) sudanesas/ sudaneses também têm uma relação muito pouco severa com a questão de tempo e de prazos. Para elas/ eles, um dia pode ser o mesmo que uma semana na entrega de um trabalho complexo ou de um simples relatório.

É preciso tomar cuidado: uma pessoa que chega sistematicamente atrasada deixa todo mundo irritada(o). Ninguém escapa uma vez na vida de um acidente, de um pneu furado, de um engarrafamento, mas a(o) atrasada(o) de plantão, aquela/ aquele que nunca chega na hora e vem sempre com uma desculpa, vai ser vista(o) como uma pessoa desorganizada e pouco confiável, por mais liberal que seja o clima na empresa, o que não ajuda na carreira de ninguém. Já vi gente perder emprego por causa de atrasos. Eu mesma já deixei de chamar uma boa assessora de marketing para trabalhar comigo porque ela chegou duas vezes atrasada aos primeiros encontros que marcamos.

FALANDO EM ATRASOS

A mesma perplexidade que as(os) estrangeiras(os) sentem em relação à falta de pontualidade, sentem com o descaso em responder ao pedido de R.S.V.P (do francês, *répondez s'il vous plaît*, ou seja, "responda por gentileza") que normalmente vem escrito ao pé dos convites formais da vida profissional ou social.

No Brasil, eles poderiam vir com a sigla R.S.D.T (responda se der na telha); seria mais adequado! "São poucos os que se dão ao trabalho de responder. Às vezes, confirmam a presença e não aparecem", reclama a cerimonialista Ana Maria Carvalho Pinto, cujo desabafo é reforçado pela planejadora de casamentos Fernanda Silva, brasileira que vive na Suíça e organiza festas desse tipo por toda a Europa. Segundo ela, "europeus e americanos respondem rápido. Infelizmente os brasileiros deixam para o último minuto ou então não respondem". Depois a coisa ainda pode ficar pior: aparecem trazendo amigas(os) que nem haviam sido convidadas(os).

O mesmo acontece com relação ao *placement*, que é complicadíssimo de montar. A pessoa encarregada dessa tarefa tem que quebrar a cabeça para deixar todo mundo satisfeito, seguindo o protocolo e cuidando para que todas(os) se sintam prestigiadas(os) e confortavelmente instaladas(os) em relação às/ aos vizinhas(os). Muitas(os) brasileiras(os), no entanto, não levam em consideração esse ritual e trocam de lugar para ficar perto de uma/ um amiga(o) ou da cara-metade. Sentou-se ao lado de gente que não conhece? Pois não tenha medo de puxar assunto e conversar. A ideia do *placement* é justamente que as(os) convidadas(os) interajam com pessoas novas.

Quando convidada(o) para um jantar formal, não vá se postando ao lado das(os) anfitriãs/ anfitriões; esses lugares são reservados às/ aos convidadas(os) de honra. Os homens são colocados ao lado direito da anfitriã, e as mulheres, à direita do anfitrião. As(os) outras(os) convidadas(os) devem se sentar onde as(os) donas(os) da festa determinarem ou se espalharem como quiserem, respeitando a alternância entre homens e mulheres. Normalmente maridos e mulheres devem se separar e sentar ao lado de outras(os) convidadas(os). As(os) anfitriãs/ anfitriões sempre estarão sentadas(os) em lados opostos da mesa.

Conselho de amiga: se você é uma/ um planejadora/ planejador de eventos no Brasil, não marque lugares com muito rigor. Mantenha o *placement* para as(os) homenageadas(os) e libere os outros lugares. Melhor relaxar e deixar que as(os) demais convidadas(os) tenham a liberdade de se sentar onde quiserem.

> **Ponha-se no seu lugar**
>
> *Placement* vem do verbo *placer*, em francês, que quer dizer "colocar"; é a indicação da cadeira que alguém vai ocupar à mesa ou em qualquer outro lugar em que se tenha que respeitar alguma hierarquia em um evento formal.

SOBRE PERFUMES, BANHOS E OUTROS CHEIRINHOS

Uma deliciosa matéria do BuzzFeed fez uma lista de alguns costumes brasileiros que os gringos não entendem: comer sanduíche segurando com guardanapo, chegar sempre atrasada(o) e também tomar dois banhos por dia.

O último item foi muito comentado pelas(os) correspondentes estrangeiras(os) que trabalham nesse mesmo site. Isso nos mostra como um país supercuidadoso com a higiene.

Durante muito tempo tive uma obra em construção ao lado de minha casa. Era impressionante ver a saída dos peões no final do dia: todos de banho tomado, cheirosos, de cabelo molhado e camisa trocada para ir para casa. Até nosso metrô não cheira mal, nem no inverno, nem nos horários de pico.

Somos muito limpinhas(os) ou somos excessivamente preocupadas(os) com o assunto? Segundo Mariana Barros, "o brasileiro é neurótico por limpeza. Ele toma mais banho, escova mais os dentes, lava e troca mais a roupa do que a maioria das culturas com as quais convivi. Isso é motivo de admiração, mas também pode ser entendido como falta de consciência ecológica e social. Para muitas culturas, nós gastamos água de maneira criminosa e só conseguimos manter um padrão de higiene tão alto por fazermos uso em casa dos serviços das empregadas domésticas".

O assunto da higiene é um dos mais difíceis de tratar, pois mexe diretamente com a autoestima de uma pessoa ou com a cultura de um povo. "Prefiro cortar um dedo a ter que dizer a um funcionário que ele cheira mal", confessa um experiente chefe de RH. Concordo inteiramente! Só que é delas/ deles, as(os) profissionais de RH, a penosa tarefa!

INTERVALINHO

Vai um chiclete? Teste para mau hálito: todo mundo com quem você conversa oferece imediatamente um chiclete ou uma balinha de menta? Cuidado! Eles podem estar dando uma dica preciosa nesse sentido!

Descobri que há uma proposta de solução — um pouco covarde, mas que deve funcionar. Existem sites que mandam um e-mail anônimo para a(o) infeliz malcheiroso(o), dizendo que colegas andam reclamando do seu hálito, do seu odor corporal ou do cheiro de suas roupas, especialmente as de inverno. As pessoas usam suéteres de lã e jaquetas de náilon e, quando acaba o inverno, guardam para a próxima estação sem se dar conta de que elas também precisam de banho! Além de dar a péssima notícia, o e-mail propõe algumas providências razoáveis. Caso alguém tenha um ente próximo com esse problema, meu conselho é que vá à internet, digite as palavras mágicas "mensagem anônima, mau cheiro, mau hálito", e o problema pode ser resolvido!

Se você acha que cheiro de banho tomado ou de perfume são sempre agradáveis e garantem uma acolhida sem entraves em qualquer lugar do mundo, saiba que não é sempre assim.

Uma empresa brasileira encarregada de fazer a integração entre as equipes da Guiné Equatorial e do Brasil foi surpreendida por um levante das mulheres dos funcionários africanos contra a política de higienização da empresa. Segundo elas, as recomendações de limpeza estavam deixando seus maridos com cheiro de defunto. Na Guiné, só os mortos são banhados em óleos perfumados por ocasião das cerimônias fúnebres.

Por incrível que pareça, higiene e cheiro também são perspectivas culturais. É possível, portanto, nos adaptarmos a padrões diferentes dos nossos, se entendermos os valores que criaram esses padrões.

Thiago Chiaroni, gerente de serviços especiais da LATAM, que trabalhou por um bom tempo no ramo da hotelaria, relata: "É habito de famílias indianas, até mesmo as abastadas, que ocupam várias suítes em bons hotéis, levarem em suas bagagens fogões e especiarias para preparar algumas refeições". Como são bons clientes, contam com a benevolência do hotel, que, no entanto, é obrigado a fazer uma grande faxina no dia da partida, tendo inclusive que lavar cortinas e carpetes, por conta do cheiro de curry entranhado nas fibras.

Se, para os ocidentais, as(os) indianas(os)s levam consigo o perfume do curry, algumas/ alguns asiáticas(os) acham que nós, do Ocidente, cheiramos a leite, ou seja, temos um cheiro azedo. Tudo tem lá e cá!

Em meados do século XX, Jean-Paul Sartre, o filósofo, e Simone de Beauvoir, a escritora, passaram um fim de semana prolongado na fazenda do jornalista Júlio Mesquita, no interior de São Paulo, e consta nos anais da propriedade que as toalhas de banho jamais foram tocadas.

Em compensação, eu soube de funcionárias(os) de empresas francesas que reclamaram às/ aos suas/ seus chefes do hábito das(os) brasileiras(os) de escovar os dentes no banheiro da empresa depois do almoço. As(os) francesas/ franceses achavam repugnante ver pessoas utilizando o fio dental na pia comum do toalete.

As diferentes noções de higiene são um dos pontos mais difíceis de aceitar quando se fala em diversidade. Exigem um grande esforço de entendimento, o que só se consegue com a conscientização de que cheiro bom e cheiro ruim é também um conceito relativo. O bom para você pode ser repulsivo para outra pessoa.

Diversidade é um exercício de civilidade... e tolerância!

Com flor de cerejeira ou sem, com vodca ou a seco, atrasada(o) ou pontual, com salamaleques ou não, ou com qualquer tipo de perfume, o jeito é entender que são muitos os caminhos para se negociar e para entender a(o) outra(o)! Basta dizer que para algumas/ alguns haitianas(os) o sorriso simpático é uma forma de hipocrisia. Para elas/ eles, sorrir para alguém que não se conhece é um modo de forçar uma intimidade que não existe!

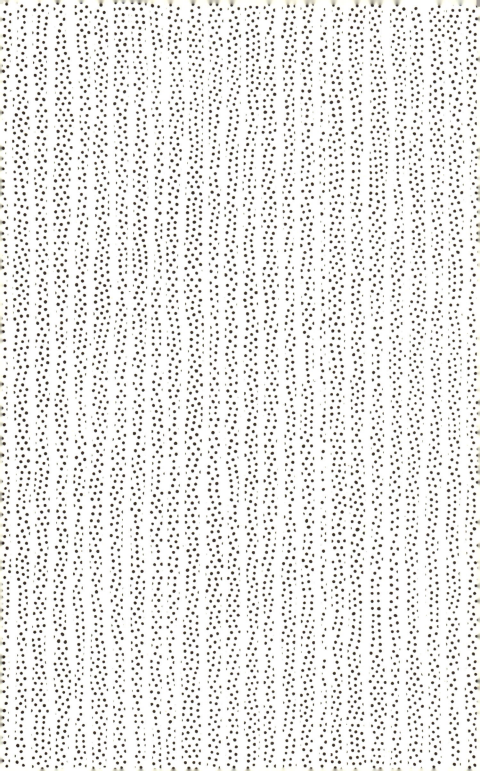

9

COMER, FESTEJAR (SEM SE LAMBUZAR)

Comer e festejar são situações que aproximam as pessoas. Qualquer cafezinho com alguém já dá uma brecha para uma conversinha mais pessoal, para descobrir coisas insuspeitadas sobre alguém com quem às vezes se convive anos e sobre quem não se sabe quase nada. Foi numa pausa para um café à beira de uma estrada, a caminho de uma fazenda no interior de São Paulo onde ia passar um feriado, que soube que a filha do motorista que me levava havia se formado em administração, mas que seu sonho dourado era ser... DJ. Achei a história engraçada e contei aos meus amigos donos da fazenda, que se interessaram por conhecê-la. O resultado foi que a moça — uma ótima festeira — acabou tocando em muitas comemorações dos meus animados anfitriões. Nada como uma reunião em volta de um balcão, uma mesa ou no ambiente solto de uma festa para que as conversas fiquem mais ricas e proveitosas.

COMER. DIGERINDO NEGÓCIOS

Convidar alguém para comer é um gesto amistoso. Ninguém se senta para almoçar ou jantar com uma criatura que quer ver pelas costas. O clima em torno de uma mesa tende a ser agradável, e, por isso, essa acaba sendo uma ocasião e tanto para se falar de negócios e mesmo fechar alguns. A reunião para o primeiro encontro de trabalho pode começar cedo, no café da manhã. O mais comum, porém, é aproveitar o horário do almoço, quando há mais tempo para conversar. Jantares costumam ser mais sociais, e neles é até melhor deixar os assuntos de trabalho de fora e tentar conhecer melhor suas/ seus possíveis parceiras(os) de negócios.

O importante, em qualquer desses casos, é que as pautas dos assuntos a ser tratados estejam bem definidas, que cada uma/ um saiba seu papel e que todas(os) as(os) participantes estejam preparadas(os) para fazer o encontro render.

Café da manhã
Funciona melhor quando são poucas(os) as(os) participantes e quando a pauta é curta e objetiva. Um bom momento para repassar o assunto dos trabalhos do dia e checar com as(os) parceiras(os) a função de cada uma/ um. Cuidado com o senta e levanta para se servir, que não deve atrapalhar o fluxo da conversa. Preste atenção ao tom da voz para que as mesas em volta não tenham que participar da sua agenda. Alguns assuntos pedem discrição.

Pausa para o almoço
Se a reunião estiver indo muito bem e ninguém quiser interromper o clima de entendimento, providencie um almocinho no escritório mesmo. Às vezes, entretanto, uma arejada e uma saída para um restaurante podem renovar o vocabulário e as ideias, trazendo novos caminhos para os próximos passos da negociação.

Almoço na empresa
Caso a decisão seja almoçar no escritório, ótimo, desde que haja uma infraestrutura mínima.

Kit básico

Utensílios apropriados (copos, talheres, pratos), uma mesa livre para organizar um bufê com salada, um prato quente (como uma torta de palmito ou frango), fruta de sobremesa, café, água e refrigerante. A mesa onde se vai comer deve ser posta com jogo americano e guardanapos de pano quando as(os) convidadas(os) forem de mais cerimônia; com as(os) mais informais, é possível usar os de papel.

Se a proposta for comer uma coisa mais rápida na sala de reuniões mesmo, peça sanduíches sem molho ou sem qualquer ingrediente que possa escorrer na roupa, refrigerante e água. Nada de álcool. O menu tem que ser o mais neutro possível, atentando para as(os) possíveis vegetarianas(os) e as(os) que estão tentando controlar o peso.

Terminado o almoço, pausa de dez a quinze minutos para uma circulada, uma atualizada nos recados e e-mails, uma esticada de pernas.

Recado para os homens

Não espere que suas colegas do sexo feminino sejam as eternas encarregadas da tarefa de providenciar o almoço, arrumar a mesa, fazer um café. Mexa-se e alterne a função com seus companheiros de gênero.

Conheço poucas mães brasileiras que ensinam suas/ seus filhas(os), especialmente os meninos, a participar dos serviços domésticos, que acabam sempre sendo feitos por elas ou por uma empregada. O resultado são jovens despreparadas(os) para fazer a cama, operar uma máquina de lavar, remover o lixo, fazer compras num supermercado, ajudar a limpar a bagunça no fim de uma festa.

Em geral é preciso que a(o) jovem fique sem uma peça para vestir para se dar conta de que roupas limpas não resultam do passe de mágica de uma fada que as recolhe de noite, lava, passa e guarda no armário, à espera de serem usadas no dia seguinte.

Esse comportamento infantil e dependente da ajuda de outras(os) acaba se estendendo à vida adulta, inclusive a profissional. Lembro da indignação da executiva de um banco ao contar que, numa manhã, um de seus chefiados chegou de total ressaca ao escritório: enjoado, amarelo, suando frio; tinha se acabado na balada da véspera. O infeliz foi imediatamente amparado por solícitos colegas masculinos, que, na maior naturalidade, olharam para a chefe — a única mulher do grupo — e pediram: "Dá para fazer um chazinho?". Diante da cara impassível e gelada dela, se deram conta do absurdo da situação e trataram eles mesmos de ir atrás do chá.

Almoço no restaurante

Caso se opte por comer fora, tente reservar uma mesa num restaurante próximo, que dê para ir a pé. Não sendo possível, pense no modo como vai levar suas/ seus convidadas(os) e organize o transporte. Seja precisa(o) na reserva: se ela foi feita para quatro pessoas para a uma da tarde, não se atrase e, ao chegar, avise o maître que a conta será sua, para que não haja confusão na hora de pagar. "Em Nova York", conta o jornalista e viajante pelo mundo Pedro Andrade, "nem tente chegar quinze minutos mais tarde ou pedir para puxar dois lugares extras na sua mesa de quatro. Não há a menor tolerância com essas alterações." "Jeitinho" é coisa nossa.

Normalmente bebidas alcoólicas não entram no cardápio desse intervalo de trabalho, mas em alguns países não se come sem vinho para acompanhar. Nesse caso, a(o) anfitriã/ anfitrião escolhe o vinho, pede o conselho da(o) sommelière/ sommelier ou passa a tarefa para alguma/ algum conhecedora/ conhecedor, caso haja uma/ um na mesa. Mas, assim como todo mundo tem o direito de pedir o prato que quiser, pode não beber álcool se preferir.

Jantar
O jantar é mais uma confraternização social do que uma continuação da mesa de trabalho, como foi o almoço. Em muitos casos, desde que previamente combinado, pode-se levar acompanhante, seja o relacionamento oficial ou não oficial, hétero ou homo.

Jantares são situações mais sociais, mas se acontecerem dentro de uma rodada de negócios, continuam fazendo parte da agenda de trabalho, o que implica não exagerar na bebida, nas piadas e na intimidade das conversas, e manter o código das roupas no registro "escritório".

Na China, investe-se muito tempo e dinheiro para receber uma/ um possível parceira(o) de negócios. São oferecidos vários passeios e banquetes, estes em mesas redondas, onde sempre cabe mais uma/ um e ninguém fica do lado oposto ao de ninguém. Antes de fechar um negócio, as(os) chinesas/ chineses querem conhecer bem as pessoas envolvidas, e as conversas tratam de temas variados. Não estranhe se tentarem embebedá-la(o): há um ditado por lá que diz que "a verdadeira pessoa você conhece bêbada". Se ficar alegrinha(o), não se preocupe. Não vai pegar mal. As(os) chinesas/ chineses vão achar que conseguiram agradá-la(o).

BOCA A BOCA:
PERGUNTINHAS MUITO APROPRIADAS

1. Se minha/ meu chefe pedir entrada, prato principal e sobremesa, devo segui-la(o) ou posso pedir apenas o principal?
Você não é obrigada(o) a comer nada além do que tiver vontade. Peça só o prato principal e fique nele.

2. Como devagar e sou sempre a(o) última(o) a pousar os talheres. Já fui advertida(o) por conta disso. Algum problema?
Sim. É muito irritante ter que esperar uma/ um atrasada(o) terminar a refeição. Fique de olho no ritmo da mesa, fale menos e não atrapalhe o ritual.

3. **Sou uma pessoa desastrada, dificilmente saio de uma refeição sem uma mancha na roupa. O que fazer?**
Se você é do tipo desajeitada(o), não peça nada com molho quando sair para uma refeição de negócios. Escolha pratos que você conhece e sabe que são seguros, para não passar o dia de paletó fechado tentando disfarçar a camisa suja. Espaguete ao sugo será seu maior inimigo. Se estiver numa cantina ou num restaurante mais informal, não hesite em colocar um guardanapo no pescoço ou pedir um babador.

4. **O que fazer quando se tem restrições alimentares: lactose, glúten, pimenta, alergias?**
Se você está em uma mesa com um grupo de trabalho, escolha só o que sabe que não lhe faz mal e fique quieta(o). Não precisa alugar ninguém, contando detalhes do seu problema alimentar.

Se está na casa de uma/ um chefe e o prato principal é camarão, que só de olhar deixa você vermelha(o) e empolada(o), coma só a salada ou o que puder comer, evitando que sua dificuldade vire um assunto e, portanto, um problema constrangedor para a(o) dona(o) da casa.

5. **Como escapar de comidas exóticas, como o durião (fruta típica do Oriente que tem cheiro e gosto que muitos julgam horríveis), insetos (Tailândia) ou cérebro de carneiro (Indonésia)?**
Se não conseguir sequer experimentar a iguaria, diga que você é extremamente alérgico e que tem ordens médicas de manter um regime neutro.

6. Como comer comida japonesa se não sei usar o hashi?
Peça talheres. Não é obrigação de ninguém saber usar os famosos pauzinhos.

7. Quando convido estrangeiras(os) para minha casa, devo oferecer especialidades brasileiras?
Quem pretende apresentar a culinária brasileira para estrangeiras(os) precisa ter em mente que nossa comida é supertemperada, e nossas sobremesas, muito doces. Asiáticas(os), por exemplo, não costumam adicionar sal à comida. Ao acompanhá-las(os) em suas vindas ao Brasil, a consultora de relações internacionais Ana Livia Araujo Esteves notou que várias(os) delas/ deles pediam ao garçom para trazer água fervendo para diluir o sal da sopa. Por isso, pegue leve no sal e na pimenta.

8. O que fazer se, ao sentar à mesa, me vir diante de talheres e copos que não sei para que servem nem em que ordem devo usar?
A regra é simples e fácil: use os talheres de fora para dentro; eles já foram colocados desse modo com essa finalidade.

9. Qual a posição da faca no prato durante a refeição?
Coloque ao lado do prato, sobre a mesa ou apoie no prato, na borda lateral à direita.

10. Como cortar carne sem ficar cruzando os talheres de mão?
A posição correta é garfo na mão esquerda e faca na direita. Treinando um pouco, a posição vai se revelar

prática e fácil de manipular, evitando o desajeitado cruza-cruza.

11. Quando terminar a sobremesa, um sorvete, por exemplo, a colher deve ir dentro da taça ou no prato embaixo da taça?
No prato que está sob a taça.

12. Copo de água sem gás e de água com gás pode ser o mesmo?
O copo de água é um só. Você escolhe o tipo de água que prefere e fica nela até o final da refeição. Se mudar de ideia, peça outro copo ao garçom. Tente não complicar.

13. Caso eu vá servir um jantar mais formal em casa para colegas do escritório, é preciso usar um aparador para as travessas ou posso colocá-las direto na mesa?
O aparador é mais prático porque as(os) convidadas(os) se levantam e se servem como e quanto quiserem. Não dependem da(o) dona(o) da casa para servi-las(os). É mais independente e profissional. Travessas na mesa é um serviço mais caseirinho.

14. Ainda na ocasião mais formal em casa, devo servir as(os) convidadas(os) ou elas/ eles se servem sozinhas(os)?
Você pode ajudar a servir o prato principal e deixar que elas/ eles se sirvam dos acompanhamentos. Caso queiram repetir, deixe que elas/ eles mesmas(os) o façam.

15. **Meu chefe é de origem italiana e sei que em sua casa a família segue costumes da cultura italiana, como comer antepasto, depois uma massa e depois uma carne ou um peixe. Na minha casa, devo seguir esse ritual ou posso servir a meu modo?**
Em sua casa você serve a seu modo, lembrando que as visitas merecem um tratamento menos informal do que quando você está sozinho com filhas e filhos.

16. **Posso atender ao celular quando estiver à mesa?**
Esqueça o celular. Ainda dá para tolerar se for em um almoço de negócios e você avisar, com antecedência, que está esperando uma ligação urgente. Se o telefone tocar, peça licença, levante-se e vá atender longe dos ouvidos de suas/ seus colegas de mesa. Falar ao celular quando se está jantando com o(a) namorado(a) ou amigas(os) é uma tremenda falta de consideração.

17. **Posso fotografar meu prato em um restaurante fino?**
Um grupo de jornalistas foi convidado para degustar as delícias dos restaurantes de Monte Carlo, em Mônaco. O crítico gastronômico da *Folha de S.Paulo* Josimar Melo fotografava todos os pratos que eram servidos. Antes, porém, educadamente, pediu autorização ao maître e explicou seus motivos profissionais.
   Se você não estiver a trabalho, seja discreta(o) e tire poucas fotos. De qualquer modo, é sempre chique pedir licença às/ aos outras(os) participantes da mesa e ao maître.

18. **Guardanapo de papel vai no colo?**
Fica na mesa, ao lado do prato.

19. Posso usar babador em cantina italiana?

Pode. Esse "babador de adulto" pode ser feito de papel descartável ou tecido, e serve para proteger a roupa não apenas em cantinas italianas, mas também em restaurantes que servem lagosta (ou caranguejo). Para os homens, outra solução é prender o guardanapo no colarinho da camisa — alguns restaurantes colocam uma casa para botão em uma das pontas, para facilitar.

MESAS E MODOS MUNDO AFORA

Muitas(os) asiáticas(os) e africanas(os) comem com a mão. Se você resolver acompanhar suas/ seus anfitriãs/ anfitriões, use a mão direita, uma vez que, para elas/ eles e para as(os) indianas(os), é impensável utilizar a esquerda, reservada para a higiene pessoal.

Em alguns lugares e ocasiões, as mulheres e os homens árabes costumam lavar as mãos na mesa, antes e depois de comer. Uma/ um serviçal traz à mesa um gomil (espécie de jarro) com água e uma bacia (de louça ou prata).

Mas há pratos ocidentais que também são comidos com a mão, como mariscos ensopados (*moules à la crème*), lagostas, caranguejos e até alcachofras. Quando acabar, o restaurante ou a(o) anfitriã/ anfitrião devem providenciar uma lavanda com água morna e uma rodela de limão, que ajuda a desengordurar os dedos antes do uso do guardanapo.

De toda maneira, é importante nunca demonstrar repulsa ou censura a hábitos culturais diferentes. Também não se sinta obrigada(o) a acompanhar todos os rituais ou a comer todas as comidas oferecidas por pessoas de costumes diferentes e exóticos. Nem elas devem insistir e, se forem realmente atenciosas, devem ter um prato mais neutro para oferecer a uma/ um estrangeira(o).

O pior aconteceu com o jornalista Pedro Andrade na Islândia, um país que vive basicamente da pesca e tem como prato principal o tubarão podre. "O bicho não processa sua urina, e a carne, nociva ao ser humano, fica com um gosto insuportável. Para que a iguaria fique comestível, eles enterram o tubarão por três meses, desenterram e deixam mais dez semanas para deteriorar. Aí, comem, sem cozimento nem tempero algum. É intragável e indescritível", relata Pedro.

"E você comeu?", perguntei.

"Tudinho. Sem pestanejar!", ele respondeu, rindo. Ossos do ofício de um jornalista fino.

Zeca Camargo, jornalista, apresentador de TV e grande viajante, conta que uma vez foi convidado para jantar por uma família de nômades no deserto da Mongólia. O prato servido foi um carneiro, que ele comeu com gosto, deixando só uns restos de carne grudados no osso. Pois a dona da casa não teve dúvidas: tirou do prato dele os ossos, distribuiu entre o prato do marido e dos filhos, que chuparam a carne até o último nervinho. No deserto não se desperdiça nada...

13 MICOS A SE EVITAR — OS PERIGOS DA MESA

Seu desempenho numa mesa de refeições é tão importante quanto seu desempenho à mesa de trabalho. Por isso, abra o olho.

O que não fazer à mesa:

1 Sentar-se antes da(o) anfitriã/ anfitrião.

2 Atacar o couvert e a cesta de pães como se fossem o único prato da noite.

3 Começar a comer antes da(o) dona(o) da casa, a menos que ela/ ele convide.

4 Soprar a colher ou o prato para esfriar algum alimento. Não sopre a sopa ou qualquer bocado com molho. Ponha na colher e espere a temperatura baixar.

5 Fuçar a travessa para pegar o melhor pedaço.

6 Picar miudinho as folhas da salada com faca. Espera-se que sejam dobradas como uma trouxinha — com a ajuda do garfo e o apoio da faca.

7 Apalpar as frutas antes de escolher uma.

8 Esmagar os morangos (ou qualquer outra coisa) com o garfo para fazer um purê.

9   Cuspir os caroços de cerejas ou uvas no prato ou no guardanapo. O melhor é pegar discretamente com a mão e depositar no prato. Seria muito mais difícil e complicado equilibrar o caroço no garfo para levá-lo ao prato sem que role pela mesa — vale o mesmo para espinha de peixe.

10   Beber com a boca cheia de comida. Falar com a boca cheia.

11   Comer de boca aberta e fazer barulho.

12   Deixar comida no prato. Na Inglaterra, deixar um pouco de comida no prato é de uma polidez elementar. Na França — assim como no Brasil —, é uma ofensa para a(o) dona(o) da casa. Na Índia, é uma ofensa ao país, que considera o desperdício um desrespeito aos que passam fome.

13   Fumar à mesa. Hoje em dia é proibido fumar na maioria dos ambientes fechados do planeta, embora, por incrível que pareça, seja permitido em alguns restaurantes de Portugal e da Espanha. Um péssimo hábito e um crime contra a gastronomia.

AH!, O BENDITO MACARRÃO

A massa italiana é um dos pratos mais apreciados do mundo. Em qualquer lugar do mapa se encontra uma cantina da *mamma*, do *babbo*, ou do Nino! Se

188

você não quiser deixar nenhum italiano de cabelo em pé, respeite as seguintes regras ao pedir qualquer massinha.

1 Cortar o macarrão de fio longo (espaguete, talharim, tagliatelle) com faca é considerado heresia. Ele deve ser enrolado no garfo.

2 Massas recheadas também devem ficar longe das facas (inclusive a lasanha). Corte-as com o garfo.

3 Contar com a ajuda da colher para enrolar o macarrão é um costume regional e popular. Mesas mais chiques só oferecem o garfo.

4 Não peça queijo parmesão se seu macarrão vier acompanhado de molho com frutos do mar, pois ele mata o sabor de vôngoles, camarões, lulas e outras delícias delicadas.

5 E nunca, jamais, em tempo algum, peça suco para acompanhar a pasta. Ela só se dá bem com vinho e água.

DE NOVO, VÁ NO SEGURO: À MODA OCIDENTAL

Foi convidada(o) para um almoço no palácio de Buckingham ou para um jantar com uma/ um diretora/

diretor de empresas da Noruega, com uma/ um amiga(o) na Argentina ou com a(o) prefeita(o) de Seul? Em qualquer circunstância ou em qualquer lugar do mundo, seus modos serão bem aceitos e reconhecidos como educados se você observar o código ocidental.

No Ocidente, existem basicamente três maneiras oficiais de servir almoços e jantares: à francesa, à inglesa e à americana. À brasileira é como costumamos comer em família.

À francesa: um dos serviços mais requintados que se pode oferecer. Nele, a(o) garçonete/ garçom leva as travessas e os talheres de servir até cada convidada(o), que se serve sempre pelo lado esquerdo. Há uma ordem que deve ser respeitada: as mulheres se servem primeiro, começando pela primeira à direita do anfitrião. Em seguida, é a vez dos homens, obedecendo à mesma sequência: o primeiro à direita da anfitriã. A(o) garçonete/ garçom retira os pratos pela direita e coloca a louça limpa para o próximo prato pela esquerda. O serviço se repete até que seja servida a sobremesa.

À inglesa: diferentemente do serviço francês, quem serve a comida à/ ao convidada(o) nesse caso é sempre a(o) garçonete/ garçom. Às vezes o serviço utiliza-se de um carrinho em que fica a travessa para montar o prato das(os) convidadas(os). O prato é retirado limpo da mesa e o novo, já servido, vem pelo lado direito da pessoa.

À americana: é o modo mais prático de servir, especialmente quando as(os) convidadas(os) são muitos. O serviço é feito em forma de bufê, ou seja, os alimentos são colocados em uma única mesa ou aparador, e as pessoas se servem à vontade. Normalmente, colocam-se numa ponta os guardanapos, seguidos pelos pratos empilhados, travessas de comidas e pães, finalizando com os talheres na outra ponta. Há quem finalize com talheres e guardanapos, o que não é errado.

À brasileira: é bem simples. No dia a dia caseiro, as travessas, já servidas, são colocadas no centro da mesa, e cada um se serve do que quiser.

À louca: o artista plástico Black Linhares, que foi convidado por sua curadora para acompanhá-la a um jantar na embaixada russa em Belgrado, capital da Sérvia.

"Antes de jantar, dois garçons serviram vodcas quase congeladas com caviar tirado de enormes latas e servido em tigelas para comer com colher, enquanto ouvíamos um recital de piano interpretado por uma adolescente russa e assistíamos a duas lindas bailarinas interpretarem magníficas danças. Os convidados eram antigos nobres descendentes dos tsares, artistas de várias áreas, gente da embaixada, mulheres finas e educadas e um bilionário que, de tão extravagante, era quase cafona. Éramos vinte pessoas sentadas à mesa mais chique que já vi. O menu era sopa de aspargos, peixes defumados com páprica, saladas, doces e frutas, servidos por dois garçons que, quando acabaram de servir, se sentaram à mesa e comeram conosco. No final do jantar, todos recolheram seus pratos, copos e talheres e lavaram a própria louça como se estivessem em casa. Depois dos licores, às onze da noite em ponto, foi anunciado o final da festa. O simpático embaixador nos levou até a porta, beijou minha testa e deu selinhos nas mulheres."

Não muito convencional, mas divertido, não é?

CHATAS, DIVERTIDAS OU ÚTEIS?
FESTAS DA EMPRESA

As empresas costumam ser festeiras: adoram comemorar um aniversário, uma promoção, o envolvimento em um novo projeto, um anúncio de casamento. Volta e meia tem um bolinho no final do dia ou um encontro para um chope no bar de sempre, onde a turma comemora suas datas e estreita os laços profissionais e de amizade com os colegas. Mesmo que você seja uma pessoa mais tímida, ou uma/ um novata(o) no grupo, não deixe de ir. É hora também de as mulheres, especialmente as que têm família esperando sua chegada, fazerem um esforço e participar, nem que tenham que sair mais cedo. Todo mundo sabe que ela tem terceira jornada em casa, por isso sua presença será ainda mais valorizada. Esse networking é importante para a carreira de todas.

"Telhado de vidro"

"Os homens fazem o networking com mais facilidade", diz Carolina Camargo, alta executiva do setor bancário, querendo dizer que os homens têm mais disponibilidade de tempo para alimentar sua rede de contatos. Segundo ela, no horário do almoço ou no happy hour, as mulheres costumam sair correndo para buscar filhas(os) no colégio, fazer supermercado, jantar com a família. "É o famoso *glass ceiling*, o telhado de vidro das mulheres. Elas acabam se distanciando da conversa profissional e de muitas oportunidades no trabalho por falta de tempo para participar do networking."

A famosa igualdade ainda está longe de acontecer de fato, nas empresas e em casa. Esse cenário já melhorou muito; nos anos 80 e 90, o moderno era ser workaholic, se jogar com tudo no trabalho, sacrificando orgulhosamente a vida familiar e pessoal. Hoje, felizmente, esse modelo deixou de ser uma meta desejável, e a vida privada volta a ter espaço nos projetos de uma existência mais equilibrada tanto para elas quanto para eles.

Carolina Camargo conta que, quando era menina, chegou à conclusão de que não queria ser como a mãe, que não trabalhava. Hoje sua filha também não quer ser como ela, que trabalha demais!

"Os homens também já participam desse desejo de ter mais tempo para a família ou para seus projetos pessoais", diz Lara Garcez (coordenadora de tesouraria corporativa da Odebrecht), que já viu um diretor da sua empresa se desculpar por não ir a uma reunião porque queria assistir ao balé da filha. Segundo ela, a globalização e o contato dos executivos machões brasileiros com estrangeiros mais participantes em atividades domésticas os faz ficar mais tranquilos com relação ao assunto.

Comemorações e festinhas entre colegas podem ser colocadas na pasta "lazer"; mas, se envolverem chefia e diretoria, a pasta será "trabalho". É o caso da famigerada festa de fim de ano. Em nenhum momento ache que é a hora de se soltar e se portar como se estivesse na casa de amigas(os). Não está. Festa em que a(o) dona(o) pode despedi-la(o) no dia seguinte é trabalho e demanda o mesmo comportamento que você teria nos corredores da empresa. Ou quase.

NÃO ESTRAGUE SUA FESTA

Ao se preparar para enfrentar a famosa festa da firma, dê uma olhada nesta lista de providências salva-emprego:

1 Forre o estômago antes de sair para não ficar zonza(o) depois do primeiro gole na festa.

2 Controle a bebida. Não é hora de relaxar e correr o risco de ficar sentimental ou soltar a sedutora (ou o galã) que existe dentro de você.

3 Não leve acompanhante se não for um combinado feito antes com todas(os) as(os) colegas.

4 Cuidado com a roupa: você ainda está no modo trabalho. Nada de extravagâncias.

5 Não dê um show de dança da garrafa no meio da pista.

6 Fuja da tentação de "abrir o coração" para colegas e chefes, dizendo verdades fora de hora.

7 Não é hora de pedir aumento nem de fazer reclamações sobre o trabalho.

8 Não insista em tirar a(o) chefe para dançar.

9 Não canse a chefia com selfies intermináveis.

10 Não poste fotos com colegas sem pedir permissão.

11 Pode beijar a(o) chefe na chegada e na saída, mas não pense que daqui para a frente vai beijá-la(o) a cada encontro no elevador da empresa.

12 Vai ter amiga(o) oculta(o) na festa de fim de ano? Fique dentro do limite de gastos estipulado, inclusive se a(o) presenteada(o) for a(o) chefe.

13 Não dê presentes muito pessoais como roupas, ou, menos ainda, calcinhas ou cuecas com frases de duplo sentido.

10

VISITAR, RECEBER, PRESENTEAR (DE CÁ PRA LÁ, DE LÁ PRA CÁ)

Com toda a modéstia que não nos caracteriza, somos ótimas(os) anfitriãs/ anfitriões. Toda vez que o país recebe estrangeiras(os), acaba sendo superelogiado pelo modo simpático e caloroso como acolhe as(os) visitantes de fora — embora pese sobre nós a miséria da violência. Difícil encontrar quem se queixe do tratamento recebido por qualquer brasileira(o). Gostamos de puxar conversa, somos incansáveis em ajudar, em dar informações, em dar lembrancinhas e até mesmo em convidar a(o) estrangeira(o) para "aparecer lá em casa", o que, evidentemente, não deve, em hipótese alguma, ser levado ao pé da letra. Nas empresas, esse comportamento afável tende a se repetir.

VISITANTES NA PORTA. NADA DE NERVOS

Visitas, de qualquer hierarquia, têm que ser organizadas. Tanto a chegada da(o) presidente de uma grande empresa quanto a de uma/ um funcionária(o) júnior ou uma/ um técnica(o) deve deixar a(o) visitante satisfeita(o) com o tratamento e com uma boa impressão da empresa e do país.

Vai chegar a(o) chefona/ chefão de uma empresa com quem a sua pretende estabelecer laços firmes e duradouros. A mulher ou o homem é russa(o), japonesa/ japonês, indiana(o), americana(o), não importa: o que vale é tomar providências para que tudo corra bem, sem exagerar nos mimos e fazer mais do que o razoável.

A primeira atitude a tomar, marcada a data da chegada, é entrar em contato com as(os) assistentes da pessoa para conhecer seus hábitos: vem sozinha(o) ou acompanhada(o) do marido ou da mulher ou de alguém que possa ser previsto nas programações? O que come? Tem alguma restrição alimentar? Algum hobby? É uma/ um workaholic ou uma/ um bonne vivente/ bon vivant? É ligada(o) em cultura (música clássica, popular, museus), em esportes (gosta de futebol, torce para algum time)? É uma/ um gourmet interessada(o) em gastronomia? É uma/ um turista curiosa(o) ou detesta se locomover mais do que o necessário? Pratica algum esporte? É religiosa(o)? Há alguém ou algum lugar do país que ela/ ele gostaria de conhecer? Só com esses dados na mão será possível para a equipe anfitriã traçar um roteiro perfeito que deixe a(o) convidada(o) encantada(o).

Isso tudo checado, é hora de pensar em quem vai receber a(o) visitante no aeroporto. Hoje em dia nem presidentes de Repúblicas recebem outras(os) chefes de Estado no aeroporto, mandam sua/ seu chanceler ou a(o) chefe de cerimonial. No caso das grandes empresas, o ritual se repete: empresárias(os) também não vão pessoalmente buscar seus pares em aeroportos. O correto é mandar um carro com motorista para recebê-las(os) e alguém do staff da empresa que fale a língua da(o) convidada(o), caso seja uma/ um estrangeira(o). Plaquinhas bem-acabadas, com o nome da(o) visitante digitado em letra de bom tamanho, resolvem o encontro. Nem é preciso dizer que quem espera deve chegar uns bons quinze minutos antes do horário previsto para a chegada do voo. Vai que o avião adianta...

202

Chegada(o) a(o) visitante, o próximo passo é acompanhá-la(o) ao hotel, aproveitando o trajeto para combinar os próximos encontros, prevendo uma eventual folguinha para uma refrescada ou descanso. No dia da partida, a mesma gentileza ao contrário: acompanhar ao aeroporto e esperar que a pessoa passe pelo embarque e daí, sim, adeus e bênção.

Por incrível que pareça, executivas(os) de alto nível, políticas(os) sérias(os) e grandes artistas não costumam fazer exigências absurdas em suas visitas, embora se conte que a cantora Madonna, ao se hospedar em qualquer hotel, de qualquer capital do mundo, mande trocar todos os assentos dos vasos sanitários dos apartamentos que ela e sua equipe vão ocupar e exige que qualquer funcionária(o) que venha ao seu apartamento para um serviço ou para trazer uma refeição seja instruída(o) a não olhá-la nem lhe dirigir a palavra. Pode ser mais cheia de frescura? Nem a rainha Elizabeth exige tanta reverência!

Emilio Kalil, empresário cultural, comenta que só celebridades de quinta categoria e políticas(os) idem costumam dar trabalho por conta do "você sabe com quem está falando?". Artistas de peso e gente civilizada são mais fáceis de lidar. O que acontece é que às vezes são as(os) assistentes ou as assessorias de imprensa que fazem exigências absurdas para valorizar suas/ seus clientes ou o evento. A única situação mais complicada de que ele se lembra ter passado foi quando recebeu a soprano italiana Mara Zampieri: "Tivemos que conseguir hotel e depois restaurantes em São Paulo que recebessem a diva e seu cachorro, que ela alimentava à mesa, para constrangimento geral, e de quem só se separava quando entrava em cena".

Edgardo Martolio, diretor da revista *Caras*, enfrentou situação pior quando teve que administrar uma crise no castelo francês onde sua equipe recebia celebridades televisivas, muitas vezes "difíceis", ou porque se acham, ou porque bebem, ou porque reclamam de tudo, ou porque não obedecem a horários. O cozinheiro e seu staff pediram demissão por uma causa que consideravam mais do que justa: as(os) brasileiras(os) atrasavam, e os suflês murchavam. Chef nenhum aguenta um desaforo desses.

Martolio, aliás, dá um conselho precioso para quem está recebendo uma/ um convidada(o) difícil, daquelas/ daqueles que chegam para complicar o trabalho e derrubar a festa: "Grude nele. Segure-o com você. Mantenha-o ao seu lado; faça com que ele sinta que também está sendo o anfitrião, ajudando a receber. Faça com que esteja sempre ocupado, com que se sinta útil. Não o deixe parado, nem lhe dê tempo para pensar, menos ainda agir por conta própria. Normalmente isso funciona. O pior de tudo é deixá-lo solto".

No caso de empresas de médio porte, as providências para a chegada de uma/ um convidada(o) são menos cerimoniosas, embora os cuidados sejam quase os mesmos. Como normalmente as(os) dirigentes dessas empresas não têm altas mordomias nem cerimonialistas, são elas/ eles mesmas(os), com as(os) demais membros do staff, que vão planejar a agenda de trabalho e cuidar da chegada da(o) visitante. A preparação se dá via troca de e-mails no contato com a equipe ou com a(o) própria(o) visitante para saber o que ela/ ele gostaria de fazer, como costuma se hospedar, se tem algum hábito ou preferência alimentar...

Cuidado, porém, para não cair no oposto e se exceder nos agrados. Ana Livia Araujo Esteves, consultora de relações internacionais, trabalhou em uma empresa que tem negócios com a Rússia. Aconteceu que, em certo momento, a empresa precisou do aval de dois biólogos russos para a aprovação de determinado produto. O processo estava bem adiantado e tinha seguido todas as determinações do fabricante original, e o que faltava eram apenas duas assinaturas com "o.k." dadas pelos russos. Coisa burocrática e de rotina. Os biólogos foram contratados e enviados para o Brasil. No afã de agradá-los e sem muita experiência em como lidar com estrangeiros, o staff brasileiro começou a oferecer tanta mordomia aos russos que eles foram esticando a estadia e fazendo exigências de toda ordem, como automóveis, acompanhantes, restaurantes, viagens, a ponto de não quererem nem mais fazer check-in nos aeroportos. Foi um custo se livrar dos dois folgados...

O mínimo que uma empresa tem que oferecer ao trazer uma/ um convidada(o), seja ela/ ele uma/ um altíssima(o) executiva(o) ou uma/ um técnica(o), é:

1 Passagem: de primeira, executiva ou turística, de acordo com o cargo e o hábito da(o) convidada(o).

2 Hospedagem: diárias do hotel (um chocolatinho, umas frutas ou flores com um bilhete de boas-vindas sempre impressionam).

3 Alimentação e transporte.

4 Extras, como frigobar, serviços de lavanderia, telefonemas interurbanos, ficam por conta da(o) visitante.

As despesas da(o) convidada(o) serão pagas pela sua empresa caso ela/ ele tenha vindo a seu chamado. Se estiver viajando por iniciativa própria, para prospectar uma possível parceria com vocês, é ela/ ele quem paga suas contas, assim como a de suas/ seus acompanhantes.

DELEGAÇÕES.
SUA EMPRESA FORA DE CASA

Uma empresa tem que pensar duas vezes antes de escolher uma delegação para representá-la no exterior. Em alguns países, o mix do grupo é tão importante quanto a competência de suas/ seus participantes.

Quando os membros de uma delegação têm o mesmo nível hierárquico, é bom escolher uma/ um porta-voz, para que não haja a menor contradição no que está sendo dito. A escolha pode ter como critério colocar na função a(o) mais velha(o) do staff ou a(o) que está há mais tempo na empresa.

Caso a delegação seja composta de variados graus hierárquicos, é preciso estabelecer os papéis e as atribuições de cada uma/ um, para evitar confusão. Se a delegação for trabalhar fora do país, a(o) porta-voz tem que dominar o idioma local; caso contrário, é preferível chamar uma/ um intérprete.

Uma pequena delegação composta de três executivos brasileiros de uma multinacional americana viajou para Nova York para um congresso da empresa, cuja diretora é uma mulher. No dia do coquetel de boas-vindas, foram até ela para cumprimentá-la e se apresentar. Primeira pergunta dela: "Não há mulheres na comitiva de vocês?", ao que eles responderam que não, pois no mês anterior colegas mulheres já tinham vindo à cidade para outra reunião. *"The girls came last month"*, disse em perfeito inglês um dos brasileiros, já um pouco desconcertado, antes de levar outra dura da diretora, que disse: "Nunca se refira às mulheres como 'girls'; não é profissional". Em dois minutos, duas lambadas por conta de escorregadas inesperadas. Há, hoje, principalmente nos Estados Unidos, uma cobrança por delegações mistas, compostas das eternas minorias: mulheres, gays e negros.

Aliás, não só nas delegações que viajam, mas até mesmo em suas equipes internas, como é o caso do banco de investimentos Merrill Lynch.

Maria Claudia Guimarães conta que é uma política da empresa ter equipes diversificadas. "Aqui, a política é de diversidade. Não só não há restrições a mulheres, negros ou gays nas contratações como há ganho nas avaliações de desempenho quando a equipe é bem misturada."

NOITE SÉRIA, NOITE PÂNDEGA

Você foi encarregado de pajear dois executivos estrangeiros, e sua empresa sugere que você os leve para conhecer a vida noturna da cidade. Sinal de alerta! Jantar, show e boa noite, ou jantar com acompanhantes para boates e esticadas?

Procure saber com os visitantes exatamente que tipo de programa eles querem fazer, mostre o caminho das pedras, mas não se sinta obrigado a acompanhá-los se não quiser. Passe a bola para uma/ um colega disponível, boêmia(o), que goste e tenha intimidade com a noite, mas que seja responsável. Os forasteiros não podem ser deixados sozinhos, pois faz parte de suas funções protegê-los, assim como cuidar da imagem da companhia. As noites alegres podem ser divertidas, mas também podem ser desastrosas.

FIM DE SEMANA. A SAGA CONTINUA...

Sua/ seu convidada(o) vai passar alguns dias na cidade, e nesse prazo está incluído um fim de semana. Lamento, mas nem pense em abandoná-la(o) à própria sorte. O que fazer? De novo, depende do grau de importância dela/ dele e do seu interesse em agradá-la(o).

Os hábitos e gostos dela/ dele já estão mais do que sabidos; portanto, já deu para providenciar entradas para um jogo de futebol, para um show de música brasileira ou um musical. Já deu para organizar um roteirinho no melhor shopping da cidade se alguém estiver a fim de compras, deu para montar a lista dos bons museus da cidade, para recomendar a melhor feijoada aos sábados e os restaurantes cinco estrelas para o jantar. Para um serviço de luxo ainda maior, deixe um carro com motorista à disposição para a programação completa do fim de semana.

Quem convida não é obrigado a sair com a(o) convidada(o) todas as noites, mas deve acompanhá-la(o) algumas vezes. Grande deferência, não obrigatória, é convidar para jantar em sua casa. Ou para um fim de semana fora da cidade.

Segundo a diplomata Helena Maria Gasparian, muitas das dificuldades do país são relevadas pelas(os) estrangeiras(os) por conta da simpatia, disponibilidade e hospitalidade das(os) brasileira(os) de todos os níveis econômicos e sociais. "Eles ficam encantados com nossa boa vontade em ajudar, nossa gentileza, nosso acolhimento. Chefes de Estado ou altos executivos acabam passando fins de semana na casa da família dos anfitriões brasileiros; não raro mandam os filhos passar férias na casa deles. Não há a menor hipótese de que isso aconteça com europeus ou americanos."

Tivemos uma boa mostra da qualidade do nosso acolhimento tanto na Copa do Mundo de 2014 como nas Olimpíadas de 2016. As coisas não saíram perfeitas como deveriam, mas o "calor humano" brasileiro se manifestou e aplainou todas as arestas.

PRESENTEAR. NEM É TÃO DIFÍCIL ASSIM

Aquele enorme livro com a epopeia da fundação da sua empresa, muitas décadas atrás, só interessa a você (e à sua família). Não o dê de presente para sua/ seu visitante, que pode ter zero de curiosidade sobre o passado da sua firma. Ela/ ele está querendo fazer negócios com você de olho no futuro dela/ dele. O livro, além de muitas vezes sem interesse, é pesado e ocupa espaço na mala.

Se você quer presentear suas/ seus parceiras(os) de negócios, vá na direção de produtos artesanais, marcas locais de bom design, objetos de arte popular, coisas que elas/ eles não encontrariam em suas cidades e que sejam fáceis de transportar. Fiz uma vez uma palestra na Bahia e ganhei dos simpáticos organizadores uma estátua de Iemanjá quase em tamanho natural. Voltei no avião com a figura no colo até chegar em casa.

Ou seja, se você quiser dar um presente que seja realmente um presente, principalmente no mundo corporativo, leve em conta alguns cuidados:

1 Não deve ser tão caro que dê a impressão de suborno. Há uma boa diferença entre presente, jabá e suborno. Presente é uma lembrança simpática e desinteressada; jabá é um brinde, em geral com o logo da empresa que o mandou, para que sua marca seja lembrada; suborno pode ser visto como uma tentativa de levar para o inferno a alma de quem o aceita. Empresas grandes costumam ter uma política clara sobre o assunto. Uma cliente da primeira classe da LATAM presenteou no Na-

210

tal as assistentes da sala VIP, que a recebiam sempre muito calorosamente, com bolsas da Vuitton, cujo valor, como se sabe bem, não é baixo. As meninas ficaram assanhadíssimas com o presente, mas muito aflitas por saberem que a empresa proíbe que presentes caros sejam aceitos por funcionárias(os). Thiago Chiaroni, gerente de serviços especiais da empresa, foi chamado para resolver a situação. Ligou para a cliente e explicou o mais delicadamente possível a situação. Não adiantou! A senhora, ofendidíssima, não aceitou os argumentos e insistiu no seu direito de dar o que quisesse a quem quisesse. Foi preciso muita diplomacia para fazê-la entender que na vida corporativa o gesto poderia ser mal avaliado. Depois de muitos telefonemas, reuniões e encontros, fecharam a questão: as meninas ficaram com as bolsas, e a senhora se comprometeu a não repetir a extravagância.

2 Não deve ser nem tão pesado, nem tão volumoso que ocupe muito espaço numa mala, que dê câimbra nos braços da(o) presenteada(o), nem alergia em quem o recebe. A plateia inteira de uma palestra que dei em Curitiba se divertiu quando eu e a moderadora do evento recebemos um lindo e enorme buquê de lírios no final do evento. Com as flores perto do nariz, minha infeliz parceira de palco começou a espirrar desesperadamente por conta do pólen amarelo que voava dos pistilos. Ela teve que sair de cena e ser socorrida às pressas nos bastidores.

3 Não deve causar problemas se a(o) presenteada(o) tiver que passar pela alfândega, como bebidas e co-

midas típicas. Uma humilde goiabada pode virar um problema de Estado se na alfândega ela for suspeita de terrorismo com o intuito de destruir a agricultura local.

4 Não deve ser muito pessoal, uma vez que não se conhece bem a personalidade de quem vai receber. Antes de dar um delicioso licor de jenipapo e um pacote de café para a(o) executiva(o) que está visitando sua empresa, cheque se ela/ ele não é mórmon e, portanto, não toma nem um nem outro.

5 Livros, cerâmicas, cestas de guloseimas podem ser uma ótima ideia, desde que despachados pelo correio para o endereço do presenteado.

6 Compre seus presentes pessoalmente ou instrua muito bem quem vai fazer isso por você para não passar aperto.

Quando o presidente Fernando Henrique Cardoso e sua mulher, d. Ruth, foram convidados para uma visita de Estado à Inglaterra, com estadia em Buckingham, a primeira programação da honrosa viagem seria um jantar no palácio. Acontece que, pelo protocolo britânico, os reis e a família real não se sentam à mesa com pessoas que não conhecem. Por essa razão, FHC e d. Ruth tiveram que ir à tarde tomar um chá com a rainha Elizabeth, a rainha-mãe, para poderem jantar juntos à noite. Como é de praxe, presidente e senhora levaram um presente para a rainha, providenciado pelo corpo diplomático. Nenhum dos dois sabia o que havia na caixa. Para espanto e aflição do casal de brasileiros, o mimo escolhido não era de muito bom gosto: um daqueles passarinhos de pedra com bico e longas pernas de prata que se encontra em lojas para turistas nos aeroportos. A rainha-mãe, porém, adorou o bicho e perguntou ao presidente que lindo pássaro era aquele. Ele, sem saber o que dizer, inventou: "Jaburu!". A velha rainha ficou entusiasmada com o nome e começou a interrogar o presidente sobre a família do pássaro, seus hábitos, seu canto, seu habitat... Só depois de muito malabarismo o presidente conseguiu mudar de assunto e levar a conversa para campos menos obscuros do que a vida do suposto jaburu.

Peças feitas com pedras brasileiras em geral são de péssimo gosto, mas, quando bem escolhidas, podem ser um sucesso, assim como livros sobre a arquitetura local, CDs ou playlists com uma apurada seleção de música brasileira, cangas de praia... Certa vez levei para uma milionária americana vários pares de sandálias Havaianas de todas as cores e tamanhos e um punhado de fitinhas do Bonfim para que ela deixasse em seu barco para os convidados. Foi um sucesso.

Chinoiseries

Na China e no Japão, o costume é não abrir o presente assim que você o recebe. Deixe para olhar quando estiver sozinha(o). Se você for presentear uma/ um chinesa/ chinês, lembre-se de que elas/ eles são muito sensíveis a simbolismos; portanto, embrulhe seus mimos em papel dourado, a cor da prosperidade, ou vermelho, a cor da alegria. Evite presentes e pacotes na cor azul cobalto e branco — cores associadas ao luto — e não ofereça brindes como bonés ou chapéus verdes, que para elas/ eles significa "marido traído". As superstições não param por aí: se oferecer flores, fique longe dos crisântemos e cuide para que seu buquê tenha uma composição em números ímpares. Saiba também que não é recomendável dar relógios de parede ou de mesa, que lembram o triste momento de assistir à passagem de um parente moribundo. Mais uma coisa: se o símbolo da sua companhia for uma cegonha, não o coloque no cartão de visita quando viajar para a China: no Oriente ela está associada à morte.

O presidente da Câmara de Comércio e Indústria Brasil-China lembra que, certa vez, dirigentes da seleção brasileira de futebol acharam por bem levar uma pedra brasileira para o presidente da empresa chinesa que os recebia e também uma camiseta da seleção para o gerente que os acompanhava. O presidente não tomou o menor conhecimento da joia e se encantou com a camiseta verde e amarela do seu gerente, que acabou abrindo mão dela, depois de receber dos brasileiros a promessa de que ganharia outra igual assim que voltassem ao Brasil.

Saber fazer um agrado é uma arte sutil que tem de levar em conta a delicada fronteira entre presente e brinde. Tudo tem de ser muito bem avaliado: quando dar o quê, para quem e dentro de quais valores.

Um presente ou um brinde bem escolhidos, sejam eles mais caros ou menos, podem ser lembrados para sempre.

SAIDEIRA

Thiago Salazar tem doze anos e está na quinta série de uma escola pública de São Paulo. Sua diversão favorita é um game que ele joga diariamente com adversários no Japão, na França, no Canadá. Esperto, Thiago dá seu veredicto sobre eles: os japoneses são rápidos, os franceses, ingênuos e os americanos, persistentes. Sem sair da poltrona de sua casa, esse menino brinca e conversa com o mundo. Quem segura esses moleques conectados?

Vai ser muito difícil acreditar que essa liberdade toda possa ter retrocessos, mesmo diante das ameaças de fechamento de fronteiras, construções de muros e manifestações de nacionalismo exacerbado que estamos vendo acontecer aqui e ali. Ninguém, nem país algum, consegue mais limitar a imaginação do Thiago quando ele pensa no futuro e nas possibilidades que a tecnologia está criando para que ele — e quem quer que seja — possa viajar, conversar, estudar, trabalhar e viver onde e com quem quiser. Mas atenção: o terreno para essa aventura ainda é novo e não tem a superfície lisa. Estamos atravessando um momento complexo e confuso — mistura de um presente em transformação e um futuro em construção — que ainda não deixou clara sua configuração futura. Como viver e sobreviver bem nessa passagem? Como vai ficar a questão da moradia, da previdência, da sustentabilidade, da diversidade, do emprego? Como vamos viver, conviver, comer, morar, trabalhar nesse cenário, tenha você crescido, ou não, com os dedos numa tela digital?

A saída possível e ao alcance de todos é armar-se de toda a informação que puder e deixar a cabeça aberta para o que está chegando. Queremos nos preparar para uma vida que tenha graça, utilidade, imaginação e interesse. Queremos diversão e arte, sim. Mas também comida... e emprego.

Sempre digo que, para ser aqualouco, você tem que saber nadar melhor do que os outros. Para enfrentar um mundo em transição, você tem que fazer o mesmo. A luta por trabalho não anda fácil em parte alguma do mundo. Conhecer perfeitamente o mercado, suas exigências, suas brechas e suas manhas ajuda a driblar as dificuldades. Só dominando os códigos do jogo você tem condições de enfrentá-lo bem e até mesmo de impor suas próprias regras.

Tenho um amigo americano, Kevin Kelly, que trabalhou na prefeitura de Nova York durante o mandato do prefeito Bloomberg. Cada vez que nos encontrávamos eu ficava sabendo dos incríveis progressos que ele tinha feito na carreira só por conta de uma providência tomada logo em seus primeiros dias de casa: ler todos os manuais com as regras burocráticas da repartição, descobrir como funcionava cada departamento e o que se exigia de cada função. Ele sabia como fazer um requerimento com perfeição, como se dirigir a cada instância política, os horários de cada seção, os prazos das licitações. Nem preciso dizer que hoje ele é um dos mais requisitados consultores do governo e professor de administração na Universidade Columbia. Faça como ele.

Espero ter conseguido, com este livro, transmitir a você um panorama útil do que anda acontecendo por aí, para que você possa administrar com mais elementos sua vida pessoal ou sua carreira. Conheça bem o chão em que pretende pisar, no Brasil ou fora dele. É a chance de sua empreitada dar certo.

Se joga! Estou na torcida!

AGRADECIMENTOS

Alessandro Lisi
Alexandre Porto
Alexandra Baldeh Loras
Ana Livia Araujo Esteves
Ana Lucia Magalhães
    Pinto
Ana Maria Carvalho Pinto
Andréa Arakaki
Andrea Chamma
Andrea Dantas
Andrea di Pace
André Midani
Angela Martins
Arthur Nestrovski
Black Linhares
Boaz Albaranes
Brasilia de Arruda Botelho

Bruna Rezende
Carolina Amaral de Arruda
    Camargo
Cely McNaughton
Charles Tang
Chieko Aoki
Chris Bicalho
Claudia Jaguaribe
Cristina Junqueira
Daniela Guiomar
Deborah de Paula Souza
Deborah Feijó
Diego Malpede
Dioka Mogano
Eckhart Pohl
Edgardo Martolio
Eduardo Viveiros

Egberto Cunha
Emilio Kalil
Equipe da embaixada da
 Austrália
Erin Chack
Esteban Walther
Eveliny Bastos-Klein
Fábio Zanon
Fernanda Silva
Fernanda Wiggins
Fernando Henrique
 Cardoso
Dr. Fernando Pacheco
 Chaves
Fernando Reinach
Guel Arraes
György Erdös
Helena Maria Gasparian
Isabel Setti
Josimar Melo
Julio Renouleau Serrano
Karen Homem de Montes
Kazuo Inoue
Lara Garcez
Laura de Mello e Souza
Leila Sterenberg
Letícia Sorg
Leusa Araujo Esteves
Lili Tedde
Lucia Barnea
Luciane Ribeiro

Luciano Timm
Luis Fernando
 Guggenberger
Lumi Toyoda
Marcela Graça Lima
Marcos Azambuja
Maria Claudia de Lange
Maria Elvira Viedma
Maria Ignez Barbosa
Maria Prata
Maria Thereza Whitaker
Mariana Barbosa
Mariana Barros
Mariana Pimenta Cama
Marjorie Rodrigues
Mario Sergio Cortella
Matheus Ishimaru
 Bedendo
Matheus Patsch Pineda
Matinas Suzuki
Michel Abdo Alaby
Monica Kowarick
Monica Monteiro
Mônica Waldvogel
Nara Pires
Olivier Gelbsman
Pamela Chusyd
Paulo Hegg
Paulo Ionescu
Pedro Andrade
Persio Arida

Raffaella Perucchi
Roberta Dias
Rubens Barbosa
Salome Masuku
Taroub Nahuz
Thiago Chiaroni
Thomaz Souto Corrêa
Zeca Camargo

TIPOGRAFIA Bely, Giorgio Sans
DIAGRAMAÇÃO Bloco Gráfico
PAPEL Pólen Soft, Suzano Papel e Celulose
IMPRESSÃO Geográfica, maio de 2017

A marca FSC® é a garantia de que a madeira utilizada na fabricação do papel deste livro provém de florestas que foram gerenciadas de maneira ambientalmente correta, socialmente justa e economicamente viável, além de outras fontes de origem controlada.